LE JUIF ERRANT EST ARRIVÉ

DES GHETTOS D'EUROPE À LA TERRE PROMISE

ALBERT LONDRES

ALICIA EDITIONS

TABLE DES MATIÈRES

1. Un personnage extravagant	7
2. Nous retrouvâmes Chicksand Street	15
3. Le cœur d'Israël bat toujours	23
4. Théodore Herzl	32
5. La randonnée des Juifs	43
6. Les voilà !	52
7. Et ce n'est que Mukacevo !	60
8. Les Juifs sauvages	68
9. J'ai rencontré le Juif errant	77
10. Le spectre	86
11. La famille Meiselmann	94
12. Le pionnier de Palestine	103
13. Voulez-vous aller à Jérusalem ?	111
14. Le ghetto de Lwow	120
15. Mais... Varsovie	128
16. L'usine à rabbins	137
17. La bourse ou les meubles	144
18. Chez le rabbin miraculeux	154
19. Adieu ! Ben !	163
20. La terre promise	171
21. Au prix du sang	180
22. Le mur des lamentations	188
23. Holà ! l'Europe !	191
24. Les soldats du grand mufti	199
25. À bientôt !	208
26. Le bonheur d'être juif	216
27. Juif errant, es-tu arrivé ?	223

1

UN PERSONNAGE EXTRAVAGANT

Les bateaux qui vont de Calais à Douvres s'appellent des malles. Au début de cette année, la dix-neuf cent vingt-neuvième de l'ère chrétienne, j'étais dans l'une de ces malles.

Elle semblait assez bien faite, l'ordre y régnait. Dans le compartiment le plus bas, des voyageurs, passeport au bout des doigts et formant une longue file, attendaient de se présenter devant la police. D'autres, au coup de cinq heures, se rendaient pieusement au rendez-vous rituel de la théière. L'escalier était bourré de cœurs inquiets. Qu'allait faire la mer ? Descendrait-on au fond de la malle ? S'installerait-on sur son couvercle ? Le couvercle l'emporta, la foule gagna le pont.

Là, c'était la grande parade des valises !

Le bateau, jusqu'ici muet, se mit alors à parler. Par la magie de leurs étiquettes, les valises racontaient leur voyage. Shéhérazade eût été moins éloquente. Une vue du Parthénon disait que celle-ci venait d'Athènes. Elle s'était arrêtée dans un palace à Rome, puis dans un « albergo » à Florence. Cette autre devait être une indécise : n'avait-elle pas changé trois fois d'hôtel au Caire ? Une toute petite venait de Brisbane avec escale à Colombo. Plusieurs arrivaient de l'Inde. Les images des hôtels de Bombay étaient plus jolies que les images des hôtels de Calcutta. Dans un coin, une malheureuse regrettait Biskra, un palmier collé à son flanc. Menton, Saint-Raphaël en renvoyaient une vingtaine. La Suisse aussi. Sur du beau cuir de vache, la neige et le soleil des autres pays traversaient mélancoliquement le détroit.

Soudain, tandis que je pensais à tous ces smokings pliés et ambulants qui rentraient en Angleterre, un personnage extravagant surgit parmi ces bagages.

Il n'avait de blanc que ses chaussettes ; le reste de lui-même était tout noir. Son chapeau, au temps du bel âge de son feutre, avait dû être dur ; maintenant, il était plutôt mou. Ce galurin représentait cependant l'unique objet européen de cette garde-robe. Une longue lévite déboutonnée et remplissant l'office de pardessus laissait entrevoir une seconde lévite un peu verte que serrait à la taille un cordon fatigué. L'individu portait une folle barbe, mais le clou, c'était deux papillotes de cheveux qui, s'échappant de son fameux chapeau, pendaient, soigneusement frisées, à la hauteur de ses oreilles.

Les Anglais, en champions du rasoir, le regardaient avec effarement. Lui, allait, venait, bien au-dessus de la mêlée.

C'était un Juif.

D'où venait-il ? D'un ghetto. Il faisait partie de ces millions d'êtres humains qui vivent encore sous la Constitution dictée par Moïse du haut du Sinaï. Pour plus de clarté, il convient d'ajouter qu'à l'heure présente ils vivent aussi en Galicie, en Bukovine, en Bessarabie, en Transylvanie, en Ukraine et dans les montagnes des Marmaroches. Autrement dit, sans cesser d'appartenir uniquement à Dieu, ils sont, par la malice des hommes, sujets polonais, roumains, russes, hongrois et tchécoslovaques.

L'accoutrement de celui-ci aurait pu lui servir de passeport. Il arrivait probablement de Galicie, sans doute était-il rabbi, et quant au but de son voyage, pour peu que l'on connût quelques traits de la vie de ces Juifs, on le pouvait aisément fixer : le rabbi se rendait à Londres recueillir des *haloukah* (aumônes).

La malle ne tarda pas à déverser son contenu sur le quai de Douvres. Je m'attachai aux pas du saint homme. Une valise de bois ciré à la main, il suivait la foule. Un policeman coiffé à la Minerve sourit à sa vue. Lui, passa. On fut bientôt devant la banquette de la douane. Il y posa sa caisse. À cet instant et pour la première fois de ma vie, mon âme éprouva des tressaillements de douanier. Qu'attendait-on pour lui faire déballer sa marchandise ? Enfin, on l'en pria. La caisse livra son secret. Elle contenait un châle blanc rayé noir et frangé, une paire de chaussettes, deux petites boîtes un peu plus longues que nos boîtes d'allumettes, épaisses deux fois comme elles et fixées à une lanière de cuir, deux gros livres qui, de très loin, sentaient le Talmud, et quelques journaux imprimés en caractères bizarres.

D'anciennes incursions dans les synagogues d'Europe orientale me permirent de reconnaître que le châle était un châle de prière, un *taliss,* et que les deux petites boîtes représentaient les *téfilin* que tout Juif pieux lie à son front et à son poignet gauche les jours de grande conversation avec le Seigneur.

Un douanier protestant était en droit d'ignorer la sainteté de tels objets ; aussi les traita-t-il comme il eût fait de boîtes à poudre ou d'un châle espagnol.

La visite achevée, le rabbi gagna le quai de la gare.

Il laissa partir le pullman et prit, dix minutes après, le train des gens raisonnables.

Naturellement, je m'installai en face de lui.

Ma conduite ne m'était pas dictée par un caprice. Cet homme tombait à point dans ma vie. Je partais cette fois, non pour le tour du monde, mais pour le tour des Juifs, et j'allais d'abord tirer mon chapeau à Whitechapel.

Je verrais Prague, Mukacevo, Oradea Mare, Kichinev, Cernauti, Lemberg, Cracovie, Varsovie, Vilno, Lodz, l'Égypte et la Palestine, le passé et l'avenir, allant des Carpathes au mont des Oliviers, de la Vistule au lac de Tibériade, des rabbins sorciers au maire de Tel-Aviv, des trente-six degrés sous zéro, que des journaux sans pitié annonçaient déjà chez les Tchèques, au soleil qui, chaque année en mai, attend les grimpeurs des Échelles du Levant.

Mais je devais commencer par Londres.

Pourquoi ?

Parce que l'Angleterre, voici onze ans, tint aux Juifs le même langage que Dieu, quelque temps auparavant, fit entendre à Moïse sur la montagne d'Horeb. Dieu avait dit à Moïse : « J'ai résolu de vous tirer de l'oppression de l'Égypte et de vous faire passer au pays des Chananéens, des Héthéens, des Amorrhéens, des Phérézéens, des Hévéens et des Jébuséens, en une terre où coulent des ruisseaux de lait et de miel. »

Lord Balfour s'était exprimé avec moins de poésie. Il avait dit : « Juifs, l'Angleterre, touchée par votre détresse, soucieuse de ne pas laisser une autre grande nation s'établir sur l'un des côtés du canal de Suez, a décidé de vous envoyer en Palestine, en une terre qui, grâce à vous, lui reviendra. »

L'Angleterre défendait ses intérêts mieux que Dieu les siens. Dieu avait donné d'un coup la Palestine et la Transjordanie.

Lord Balfour gardait la Transjordanie.

Entre les deux époques, il est vrai, Mahomet avait eu un mot à dire.

LE TRAIN ROULAIT. Mon rabbin sommeillait. Son fameux chapeau, s'étant déplacé légèrement, découvrait la calotte qu'il portait en dessous. Tout Juif orthodoxe doit avoir ainsi deux coiffures. Un coup de vent, une distraction pourraient faire que la première quittât son chef. Quelle inconvenance si le nom du Seigneur (béni soit son nom !) était alors prononcé devant la tête décalottée d'un Juif !

À Chatam, mon compagnon rouvrit les yeux. Il les avait beaux. Si mon homme arrivait de Galicie, ses yeux venaient de beaucoup plus loin. L'Orient les habitait encore. Ayant extrait son Talmud de sa valise en bois, ce sujet polonais se plongea dans l'hébreu.

Les Anglais en promenade dans le couloir jetaient sur le voyageur un regard scandalisé. On peut appartenir à un peuple touriste et n'avoir pas tout vu. Ce sont les « peycés » (les papillotes) qui leur donnaient surtout un coup dans l'estomac. Le rabbi devint bientôt l'attraction du compartiment. Ceux qui l'avaient découvert le signalaient à leurs voisins. Et les curieux, feignant le bel air de l'indifférence, passaient et passaient encore devant notre box. Un vulgaire contemporain se fût dressé et leur eût demandé : « Que désirez-vous, gentlemen ? » Mais quand on flirte avec Dieu à travers de difficiles caractères d'imprimerie, a-t-on des pensées pour de sottes créatures ? Et, calme, le rabbin broutait son texte, les lèvres actives comme un lapin qui déguste.

Ce fut Londres. Le voyageur était attendu. Deux hommes, ceux-là habillés à l'européenne, le saluèrent sans enlever le chapeau. Ils le saluèrent des épaules, du cou, d'un frémissement des narines et d'une gymnastique des sourcils. Le trio entra en conversation et, naturellement, s'agita. Leurs mains d'automate dessinaient la forme de leurs pensées. Le geste, en effet, est l'accent d'Israël. Un Juif s'exprime autant avec les doigts qu'avec la langue. Manchot, il serait certainement demi-muet !

Ils négligèrent les taxis. Ils sortirent de la gare. Ils marchaient.

L'un des Européens portait la caisse. Le rabbi avait son Talmud sous une aisselle. Le troisième traçait, à coups de bras, des arabesques dans la nuit.

Bientôt ils firent halte. Était-il nécessaire d'être détective pour comprendre qu'ils attendaient l'autobus ? Après quelques sourires de la foule londonienne, le gracieux véhicule arriva. On le prit. Où les fils d'Abraham m'emmenaient-ils ? J'aperçus Piccadilly, je devinai l'entrée du Strand, puis il me sembla que l'on traversait la Cité. Les discoureurs parlaient plus vite que n'allait l'autobus, et, quand le monstre s'arrêtait, eux continuaient. La course prit fin. Ils descendirent devant un grand bâtiment qui, sous toutes réserves, devait être le London Hospital. Nous étions Whitechapel Road.

Ce n'était pas très animé. Je les suivis sans difficulté. Il remontèrent l'artère centrale et s'engagèrent dans Silver street, puis dans Chicksand street. C'était une très petite rue sombre et poisseuse. Les lumignons des boutiquiers l'éclairaient seuls. Au numéro 17 le trio disparut dans un couloir. La maison était de briques sales et le rez-de-chaussée abritait un marchand de volailles qui vendait des canards et des poulets mal plumés.

– À demain ! fis-je mentalement en notant, l'adresse.

Je revins sur mes pas. Les murs des bâtisses suintaient. Derrière les carreaux, on voyait des familles pauvrement attablées. Je retrouvais Whitechapel Road. Tout en avançant, j'épelais les enseignes des magasins : Goldman, Appelbaum, Lipovitch, Blum,

Diamond, Rapoport. Sol Lévy, Mendel, Elster, Goldeberg. Abram, Berliner, Landau, Isaac, Tobie, Rosen, Davidovitch, Smith, Brown, Lewinstein Salomon, Jacob, Israël...

Et je ne marchais que sur un trottoir !

J'étais en plein dans mon sujet.

2

NOUS RETROUVÂMES CHICKSAND STREET

Midi. Deux hommes, dans le centre de Londres, cherchaient un restaurant Kasher.
— Vous y tenez ? demanda l'un.
— Il faut en profiter, puisque ce matin nous n'avons pas faim, répondis-je.
J'étais l'un de ces deux hommes. L'autre représentait mon nouveau compagnon. Je l'avais découvert ce matin, 77, Great Russell Street, au Central Office de la Zionist Organisation. On me l'avait confié plutôt qu'un autre, ayant voulu quelqu'un parlant yiddisch.
— On pourrait peut-être déjeuner dans un « Lyon », dit-il (entreprise d'alimentation genre Duval), on n'y mange pas Kasher, mais l'affaire est juive tout de même.
— Aujourd'hui, soyons les dignes enfants du Seigneur votre Dieu, allons manger Kasher.
Nous trouvâmes dans le Strand un restaurant rituel. La foule s'y pressait. Quelques clients étaient

coiffés, les autres, comme de simples chrétiens, avaient quitté leur chapeau. On s'assit.

Vous n'ignorez pas ces maisons. Les lettres hébraïques qui leur servent d'enseigne les ont signalées à vos regards. Elles sont la preuve, à travers le monde, de l'attachement du peuple juif à sa loi :

« Ne mangez point de ce qui est impur.

« Mangez le bœuf, la brebis, le chevreau, le cerf, la chèvre sauvage, le buffle, le chevreuil, l'oryx, la girafe.

« Vous mangerez de tous les animaux qui ont la corne divisée en deux et qui ruminent.

« Mais vous ne devez point manger de tous ceux qui ruminent et dont la corne n'est point fendue, comme du chameau, du lièvre, du chœrogrylle.

« Le pourceau, aussi, vous sera impur, parce que, encore qu'il ait la corne fendue, il ne rumine point.

« Entre tous les animaux qui vivent dans les eaux, vous mangerez de ceux qui ont des nageoires et des écailles. »

Beaucoup d'autres recommandations encore.

Ainsi parle le Seigneur au cinquième livre de Moïse.

Ainsi mangent toujours des millions et des millions de Juifs.

– Si nous goûtions de la girafe, fis-je ?

– Examinez les physionomies de cette clientèle et dites-moi s'il existe un type juif ainsi qu'on le prétend. Il est des Juifs répondant à ce que l'on appelle le type juif...

– Croyez-vous ?

– Mais la plupart...

— Heu ! En tout cas c'est à l'honneur de la race, et puis, on rencontre de bien jolies têtes.

La viande que l'on nous servit paraissait avoir été cuite dans du papier buvard. Plus une goutte de sang. Enfin passons !

— Je ne suis pas d'ici, fit le camarade, mais sujet polonais né en Russie. Cependant j'ai un ami au théâtre juif. Il pourra nous être utile. Attendez, je vais demander l'adresse de ce théâtre.

Il interrogea notre voisin. Celui-ci avait plutôt la mine d'un petit employé anglais que d'un libre enfant d'Abraham. Le voisin répondit :

— Oui, je sais qu'il y a un théâtre juif, mais je n'y vais jamais.

Et cela avec un sourire où le mépris était dosé.

— Encore un qui renie, fit le Polonais. Évidemment, en France, en Angleterre... On voit bien qu'ils ne savent rien de ce qui se passe chez nous.

Après avoir bu un dernier verre de *ginger beer,* boisson que Moïse, en homme de goût, n'avait pas recommandée, nous enfonçâmes notre chapeau et prîmes le chemin de Whitechapel.

C'est à l'est de Londres, c'est même *East End,* autrement dit la fin de l'Est. Au temps où les Juifs, fuyant les persécutions d'Europe orientale, s'y établirent, c'était le bout de la capitale. Mais le désert ne leur a jamais fait peur ! Il est inutile qu'une barrière marque l'entrée de Whitechapel et que l'on vous distribue un prospectus pour vous avertir que vous allez pénétrer en pays non anglais, cela se renifle. C'est sensible autant que de passer d'une glacière dans une serre. Les gens qui vivent là sont sujets anglais, ou le seront, votent comme des Anglais, parlent l'anglais, mais, dès les premières maisons, rien, là-dedans, ne sent l'Angleterre. C'est plus humain, j'allais dire plus latin, en oubliant que le latin n'est pas l'hébreu ! Silhouettes, frappe du visage, mobilité du regard, mouvement général, ascétisme des uns, graisse des autres, curiosité innée, odeur d'oignon, inquiétude et satisfaction, c'est Israël !

Ils ne le cachent pas. Tous leurs noms célèbres, dont le moins connu est Isaac, claquent en tête de leurs boutiques. La fidélité à son origine est d'ailleurs l'une des beautés de ce peuple tragique. Anglais ? Oui, ils sont fiers de l'être. Par le récit des anciens, ils savent ce qu'il en a coûté à leurs pères d'être nés en Russie. Aussitôt après qu'ils sont Juifs, ils sont certainement Anglais. À qui leur proposerait de quitter l'Angleterre, de retourner dans l'Est, voire de partir pour la Palestine, ils répondraient : Nous sommes Anglais ! Cependant, en imagination, le vieux sol hébraïque est toujours doux à leurs pieds. Ils le foulent avec délice. Que voit-on aux vitrines et à l'intérieur des boutiques de Whitechapel Road, de Mile End Road, de Commercial Road et du début de Stepney ? Des images. L'une représente le combat de David et de Goliath. Plus loin, c'est Saül vaincu, faisant hara-kiri sur le mont Gilboé. Puis des vues de Jérusalem, l'entrée du général Allenby à Gaza. Nabuchodonosor emmenant les princes, les vaillants et les juges en captivité, Lord Balfour inaugurant l'Université hébraïque du mont Scopus. Est-ce le portrait du roi George V qui préside les calendriers de l'année ? Non ! C'est celui du Messie moderne, de leur grand Juif du vingtième siècle, du pape du sionisme, Théodore Herzl ! Ce chemisier n'a pas de boutons à bascule, mais en revanche, sur son mur la carte de Palestine ! Et que découvre-t-on sur leur savon, du moins sur celui dont j'ai fait emplette ? L'étoile à deux triangles, sceau du bouclier de David !

– Alors, nous allons chez votre rabbi ?
– Par ici, fis-je.

Nous retrouvâmes Chicksand Street. Si la nuit, les derrières de Whitechapel ne vous font pas chaud au cœur, le jour ils vous font froid dans le dos. Quand il n'est pas dans l'air, le brouillard de Londres doit être quelque part. Il est là. J'ai trouvé sa remise. Il se repose sur les trottoirs, contre les murs. Il s'est condensé afin d'y tenir tout entier. Dès qu'il se sentira de nouveau en forme, il s'élèvera non sans laisser de trace, puis il ira faire sa petite tournée au-dessus de la capitale, après il reviendra se dégonfler sur les toits de Whitechapel...

Le marchand de volatiles du numéro 17 avait aujourd'hui encore très mal plumé ses poulets.

– Le nom de votre homme ? me demanda le Polonais.
– Il n'est pas deux individus pareils dans toute l'Angleterre. Son signalement est un nom.

Le commerçant qui devrait apprendre à plumer ne l'avait point vu. Les habitants du premier l'ignoraient. Au fond de la cour, en deçà d'une fenêtre ouverte, j'aperçus le rabbi. Étendu dans un fauteuil de reps rouge, calotte en tête, papillotes agitées, il lisait avec les lèvres son gros livre noir.

Comme je descendais l'escalier précipitamment, mon compagnon me conseilla de surveiller mon ardeur.

– Il ne faut pas lui sauter à la gorge. C'est un Juif de l'Est, il est loin de vos pensées. Des précautions s'imposent.

Au nom de la Zionist Organisation, l'accueil des hôtes fut amical. L'un de ceux qui, la veille, étaient venus chercher le rabbin à la gare, nous fit asseoir dans une première pièce. On apprit que l'étonnant voyageur était, en effet, rabbin et que sa communauté se trouvait en Galicie, entre Tarnopol et la frontière roumaine. Le locataire du 17 Chicksand Street était son arrière-neveu. L'homme de Dieu ne refuserait pas de nous parler.

Et l'on nous introduisit.

Le rabbin ferma son Talmud. Sans savoir qui nous étions, il nous tendit la main et dit :

– Chalom !

– Chalom ! répondit le Polonais.

C'est le salut hébreu, qui remplace notre bonjour et signifie : Paix sur toi !

Je lui fis tout de suite traduire qu'ayant voyagé en sa compagnie, j'avais voulu connaître son adresse et, cela non par curiosité, mais conduit par une pensée sérieuse ; que j'avais formé le projet d'exposer aux Français l'état des Juifs dans le monde ; que j'irais dans son pays, en quelques autres, jusqu'en Palestine, et que j'avais supposé que la Providence, en me mettant, au début de ma route, en contact avec un saint rabbin, avait peut-être désiré marquer par là qu'elle approuvait mon entreprise.

– Toda Raba ! (Merci bien !)

Je lui fis demander le but de son voyage à Londres.

Il répondit :

– La misère de ma communauté est grande. Le froid qui va durer de longs mois l'aggravera. Mes Juifs n'ont pas de quoi manger, ni de quoi se vêtir. Les enfants sont pieds nus sur la glace et le vent pénètre dans les maisons, parce qu'elles sont faites de planches et que toutes les planches ne joignent pas. Je suis venu à Londres recueillir des aumônes. Les Juifs qui ont une position favorable doivent du secours à leurs frères encore opprimés. N'est-ce pas nous qui sommes le plus près de Lui (de Dieu). Sans nous qui Le prierait encore ?

Il ajouta :

– Si le malheur accable autant d'enfants d'Israël, n'est-ce pas justement la rançon du bonheur égoïste et de l'impiété des autres ?

Son arrière-neveu nous pria de considérer le cas de son grand-oncle. Né dans le ghetto, vivant dans le ghetto, peut-être n'avait-il pas une idée exacte des obligations modernes. S'il suffisait aux Juifs de Galicie de plaire à Dieu, les Juifs occidentaux devaient, hélas ! plaire aux hommes.

Et l'on me traduisit qu'il disait à son parent :

– Mais, nous aussi, rabbi, tout Anglais que nous sommes, nous observons le samedi. Demain vendredi, à la première étoile, alors que tout Londres travaillera encore, vous entendrez les rideaux de fer dégringoler dans Whitechapel.

Le rabbin reprit :

– Que le Saint Nom en soit béni ! Mais la vérité est la vérité. L'envie n'a pas guidé ma langue. S'il y a, chez vous, des Juifs qui, n'ayant su résister à un siècle de bien-être, ne sont plus que des israélites, ceux-là nous les abandonnons. Ils se croient Anglais, Français. L'esprit les a quittés. Ils ont rompu l'alliance. Ils ont tout perdu. Pour nous ils ne sont plus des Juifs et, pour les occidentaux, ils en sont cependant toujours ! Mais je pense à toi, Samuel Gosschalk, dont le père est encore des nôtres et que voilà déjà Anglais. C'est s'éloigner rapidement des siens. Le danger te guette. Tes enfants ne seront peut-être plus, eux aussi, que des israélites, puisqu'on vous appelle ainsi !

En me traduisant ce cri du cœur, mon Polonais tint à marquer, à son tour, que nous étions en face d'un fanatique. Le malheur, ajouta-t-il, c'est qu'ils sont des millions comme cela chez nous. Ce n'est pas ce qui nous aidera à trouver la solution du problème juif.

– Et le sionisme ?

– Mais ils le rejettent. Les rabbins qui mènent tout, là-bas, sont ses pires ennemis.

– Demandez-lui tout de même ce qu'il pense de la déclaration Balfour.

Le Polonais lui posa la question. Le saint homme répondit :

– M. Balfour est un lord et non un Messie.

Le rabbin regagna son fauteuil. Il reprit son Talmud, et sans plus nous regarder, oubliant que Whitechapel était loin des Carpathes, il se plongea corps et âme, ses papillotes déjà secouées par une céleste fièvre, dans les commentaires de la parole divine.

3

LE CŒUR D'ISRAËL BAT TOUJOURS

Un rabbin de Galicie à Londres, c'est bien, mais c'est peu. Sans passer inaperçu dans Whitechapel, les autres Juifs le submergeaient. Il semblait une bouée pittoresque sur une mer indifférente.

On ne sait pas exactement combien ils sont dans l'East End. Est-ce plus de cent mille ? En tout cas, ils sont un tas ! Et l'ancre qu'ils ont jetée ici paraît bien enfoncée.

– Savez-vous comment mon grand-père est arrivé à Londres ?

– D'où venait-il ?

– De Lithuanie. Avec deux petites cuillers pour toute fortune. Encore raconte-t-on dans la famille qu'il les avait emportées à l'insu des siens. Je ne le crois pas, il est trop honnête.

La dame qui me parlait ainsi me conduisait à sa maison natale. Nous allions côte à côte, dans Commercial Road. Maintenant, elle habitait l'Ouest, le quartier des gens bien nés. On sait que plus le loyer est cher, plus le locataire est respectable ! Elle m'avait été présentée la veille, toujours dans l'Ouest, chez un avocat en renom, Juif, sujet anglais comme il disait lui-même. Il assurait aussi que les Anglais, sachant la position où il se tenait, avaient pour lui plus de considération que s'il s'était dit anglais de religion israélite.

Le grand-père vivait encore. Maintenant, seul de la famille, il habitait Whitechapel. Ses enfants avaient gagné un meilleur arrondissement. Quant aux enfants de ses enfants, ils s'étaient installés plus haut encore !

– Voilà, fit ma compagne en m'arrêtant devant une vitrine de bijoutier, voilà ce que sont devenues les deux petites cuillers de Lithuanie.

Le grand-père s'appelait Murgraff. Quand on entra dans le magasin, on vit un homme assis, la tête penchée sur un livre de comptes.

– Il y a une erreur d'un shilling, cria sa petite-fille, un shilling, c'est considérable !

Le vieux Murgraff sourit. Quarante années d'Angleterre avaient fait du tort à l'orthodoxie de sa barbe, mais la race était sauve.

La conversation entamée on arriva bientôt à la chose intéressante.

– Il existe aussi un quartier juif à Paris, dit-il, la rue des Roses ?...

– Des Rosiers ! Oui. Ce n'est qu'une miniature à côté de Whitechapel !

– Eh bien ! je pourrais être dans votre rue des Rosiers aussi bien que me voilà à Whitechapel. Quand à vingt-cinq ans je débarquai ici, je n'étais pas certain d'y trouver à manger. Je serais descendu jusqu'à Paris.

– Alors, maintenant, je serais Française au lieu d'être Anglaise, fit la plus belle fleur de la branche Murgraff.

– Ce serait aussi honorable ! répondit le bijoutier, et tu habiterais l'Étoile !

Pourquoi Murgraff avait-il quitté la Lithuanie ? Mais son histoire est celle de chacun, de ceux de Commercial Road comme de ceux de la rue des Rosiers. Elle est la même aujourd'hui qu'elle fut il y a quarante ans. Et voilà quarante ans, elle était la même que quarante années auparavant.

La Pologne, la Roumanie ont succédé à la Russie. Mais la Pologne et la Roumanie ont acheté à la Russie, ses stocks antisémites. Le Juif, là-bas, est toujours un Juif. Peut-être est-il un homme, en tout cas, ce n'est ni un Roumain ni un Polonais. Et s'il est un homme, c'est un homme qu'il faut empêcher de grandir. De toute l'histoire des Juifs, l'Europe orientale n'a retenu que celle de Job. « Périssent le jour où je suis né et la nuit où il a été dit : un homme a été conçu ! » Bien parlé ! répondent nos frères slaves et latins. Aussi trouvent-ils indispensable que les descendants d'Abraham restent assis où l'autre, je veux dire Job, aimait à s'asseoir. Le problème juif est compliqué, mais je crois qu'il se résume en une question d'air. Respirer ou ne pas respirer. Ni plus ni moins.

Murgraff le vieux partageait mon avis. La petite-fille, qui n'avait connu d'autre atmosphère que celle de Londres, comprenait moins bien. Elle n'avait pas sous les yeux l'ensemble du monde juif. Certes, elle ne niait point qu'elle fût juive, mais elle semblait assez près de croire qu'elle était juive en Angleterre comme d'autres sont Galloises ou Écossaises. Temple, église, synagogue, cela était affaire de l'âme. Et quand on ne va pas davantage à la synagogue que ses amies à l'église ou au temple, le chemin que l'on prendrait pour s'y rendre paraît bien indifférent. Aujourd'hui, une femme élégante fréquente moins chez Dieu que chez le couturier. On va plus souvent au cinéma et dans les thés qu'aux offices. Le même toit vous réunit autour du même plaisir...

Voilà ce que « l'assimilée » essayait d'expliquer.

— Enfant, reprit Murgraff le vieux, tu penses comme une femme heureuse qui ne voit pas plus loin que son bonheur !

— Mais vous, lui dis-je, quarante années d'Angleterre ?...

— Dans notre cas à nous Juifs d'Angleterre, de France, de Belgique, d'Occident, il y a deux stades. Je représente l'un de ceux-là, ma petite-fille, l'autre. Moi je suis un arbre transplanté. Ma Sarah est née acclimatée. J'ai pour l'Angleterre la reconnaissance la plus profonde. Ces pays à l'intelligence majeure n'ont voulu voir en nous que des hommes et non je ne sais quels fantômes redoutables. Ils nous ont placés sur le plan de l'égalité. À nous de leur montrer qu'ils ne se sont pas trompés. C'est mon honneur et non ma naissance qui me commande d'aimer l'Angleterre. Elle m'est deux fois chère : une fois pour la lucidité de son esprit qui lui a fait comprendre qu'un Juif n'est pas un diable avec une queue au derrière, une autre fois pour ses bienfaits. Je suis un fidèle sujet anglais. J'ai tressailli de fierté quand mes deux fils sont partis pour la guerre. Le sentiment qui m'a transporté n'était pas la vulgaire satisfaction de payer une dette pour m'en débarrasser, mais de faire ce que l'on doit. La loyauté à l'égard du pays qui m'avait recueilli me sembla légère.

Mais, cher monsieur, je suis un vieux Juif. J'ai tété l'hébreu. Un de mes frères, là-bas, porte encore le caftan et les bottes. Je sens en moi tous les dépôts de ma race. Il ne serait pas plus digne de ma part de renier Israël que d'être ingrat envers l'Angleterre.

Murgraff le vieux, levant la main, me montra, contre son mur, le portrait de Théodore Herzl :

– Vous êtes sioniste ?

– Je suis pour tout ce qui pourra soulager la détresse que j'ai connue dans mon enfance. Quand on a pu remonter de la fosse, il ne faut pas couper les cordes qui en sauveront d'autres.

– En est-il parti beaucoup de Whitechapel pour la Palestine ?

– Deux ou trois familles... Mais elles sont revenues.

Il existe, dans l'ordre intellectuel, deux espèces de sionistes : les purs et les moins purs.

Les purs sont les apôtres qui, emportés par l'idée, ont brûlé leurs vaisseaux. Ils en ont pris immédiatement d'autres qui les ont menés en Palestine.

Les moins purs sont du genre Murgraff. Ce sont des personnes de plus de raison que d'enthousiasme.

Ils aideront ceux qui veulent franchir la Méditerranée. Eux resteront sur le rivage.

Ainsi les candidats à la traversée de l'Atlantique trouvent parfois des commanditaires...

Les purs sont partis de Russie, de Pologne, de Roumanie.

On a pu en compter quelques-uns venant de Belgique, de Hollande, d'Angleterre.

Il n'y a pas eu de « purs » en France.

– Alors, dis-je à mon Juif, le cœur d'Israël ne bat plus à Whitechapel ?

– Comment ?

– Si deux ou trois familles seulement...

– Ah ! le cœur d'Israël ne bat plus à Whitechapel ?

Murgraff décrocha son chapeau, se coiffa, donna des ordres à ses employés :

– C'est moi qui vais vous conduire, dit-il. Et l'on sortit.

On se retrouva dans Commercial Road et puis je ne sais plus où. La nuit était venue. Nous passions entre deux haies de noms juifs. Plus nous allions, plus il y en avait. Ils défilaient devant mes yeux avec la rapidité de ces images qui dansaient sous le pouce au temps des cinématographes de poche. La course s'acheva Redmans street.

Il était près de six heures du soir. La rue était économiquement éclairée. Des enfants, par centaines, y arrivaient par les deux bouts. Les enfants, ici, allaient donc à l'école à l'heure où, partout, les autres la quittaient ? Nous marchions au milieu d'un grouillement de mômes. Ils sautaient, ils couraient et disparaissaient tous dans un même gouffre. C'étaient les petits Juifs qui, sortant de l'école anglaise, se hâtaient vers la *Talmul-Thora*[1].

– Israël ! fit le vieux bijoutier avec orgueil.

Ainsi ayant passé la journée à apprendre ce que les petits Anglais apprennent, ils se précipitaient, chaque soir, dans ce couloir, afin de bien se mettre dans la tête qu'ils étaient de petits Juifs.

L'aspect de l'établissement me saisit. Des rabbins en calotte et à barbe, les pans du caftan volant, circulaient au milieu de cette marmaille, elle, en casquette de jockey. Dès le seuil on foulait la terre sainte. Alors, au diable les manières anglaises, plus de têtes découvertes. Bonsoir George V et vive Dieu, roi d'Israël !

Ils étaient six cents dans l'immeuble. Des garçons, bien entendu, les filles du peuple élu n'ayant aucun droit aux connaissances.

Les classes commençaient. Dans le fond de chaque pièce, derrière le pupitre du maître, l'armoire à *Thora*.

La *Thora* est la loi des Juifs. Cette loi est faite des cinq livres de Moïse. Elle raconte ce qui s'est passé depuis la création du monde jusqu'à l'an 2552 et demi avant Jésus-Christ. La fidélité des Juifs à cette loi ne s'est jamais démentie. C'est leur drapeau national, leur hymne patriotique, leur soldat inconnu. Ils n'ont pas que du respect pour la sainte Thora, mais un perpétuel élan du cœur. Et parmi tous les beaux noms qu'ils lui donnent, l'un respire le Bel Amour : *la Fiancée couronnée*.

Comme objet, une Thora est un long parchemin terminé à chaque bout par une baguette. On l'enroule autour de ces baguettes, aussi se tient-elle toute droite dans son armoire. Quant aux écrivains de Thora, aux calligraphes de la Loi, aux merveilleux *séphorim*, l'instant n'est pas venu de vous les présenter.

L'armoire à Thora était au fond de chaque classe,

cachée derrière son rideau de velours vert, rideau marqué tantôt d'un lion, tantôt d'un cerf, tantôt d'une panthère, tantôt d'un aigle. Ceci pour rappeler aux enfants d'Israël qu'ils doivent être forts comme le lion, agiles comme le cerf, audacieux comme la panthère, rapides comme l'aigle. Ne voyez dans l'emploi de ces images symboliques aucun encouragement à la lutte pour la vie, ces qualités ne leur étant recommandées que pour faire la volonté de Dieu.

Le rabbin, debout devant l'armoire, maniait un gros livre. Tous les enfants avaient sur leur pupitre un même gros livre : la Thora ; non celle de l'armoire mais la parole de Moïse imprimée en hébreu sur du papier de librairie. Et tous lisaient à la fois et tout haut, le rabbin donnant le ton, relevant les défaillances. Ils étaient plus de cent par classe, serrés, aplatis, tels des dattes dans une boîte. Les Juifs n'ont jamais eu beaucoup de place. Les nations leur mesurent le terrain. Ces enfants de Whitechapel étaient les uns sur les autres comme les morts de leurs cimetières de là-bas dont les pierres tombales se bousculent si effroyablement.

Qu'apprend-on dans ces écoles ? À lire la Thora. Ils ont d'abord épelé les vingt-deux lettres hébraïques descendues jadis de la couronne de l'Éternel. L'essentiel, d'ailleurs, est-il qu'ils comprennent la sainte langue ? Non ! mais qu'ils soient troublés par l'ivresse de sa musique. C'est la musique qui donne des ailes à l'imagination, c'est elle qui transporte l'esprit aux pays dont on rêve. Et ces enfants nés en Angleterre, de parents nés ailleurs, chantent la Loi, coude à coude, comme de vieux Hébreux. Et la carte de la Terre Sainte fait face à l'armoire à Thora... et ainsi le drame juif anime déjà ces petites âmes...

Vous aviez raison, vieux Murgraff, le cœur d'Israël bat toujours.

---

1. École juive d'études primaires.

4

THÉODORE HERZL

Il est près de Vienne, au cimetière de Dœbling, un tombeau.

L'homme qui l'habite eut une destinée extraordinaire. Trois mille deux cent quarante-sept années après Moïse, il a succédé à Moïse.

Il fut plus qu'un roi. Il eut plus qu'un sceptre : il eut des ailes. Sa mission fut plus grande que celle de régner sur un pays. À sa voix, les frontières se lézardèrent. Son souffle courut le monde. Il réveilla un peuple endormi depuis dix-neuf siècles.

C'était un Juif.

Le peuple était celui d'Israël.

Le nom de l'homme est Théodore Herzl.

Il naquit à Budapest, en 1860.

On dit qu'il était *séphardi,* autrement dit qu'il descendait de ces Juifs espagnols que l'Inquisition tisonna avec une amoureuse ferveur. À cette origine il devait la beauté de son visage et la majesté de son port. « Comme Saül, écrit Zangwill, il dominait ses frères de sa haute taille, avec une longue barbe noire, des yeux étincelants et la figure des rois assyriens sur les bas-reliefs antiques. Sa conversation était fascinante et il exerçait un effet magnétique sur tous ceux qui entraient en contact avec lui, depuis les empereurs jusqu'aux pauvres Juifs qui s'arrêtaient pour baiser les bords de son manteau. »

Il était journaliste à Paris, correspondant du journal viennois la *Neue Freie Presse*.

Cet avatar lui était advenu en 1891. Docteur en droit, il avait d'abord tâté de la robe noire, comme stagiaire près la cour de Salzbourg. Mais l'instinct de sa race le piquait au talon. Il quitta la robe pour la valise et courut voir un peu comment la Terre était faite.

En route, ayant expédié quelques-uns de ses étonnements aux gazettes de son pays, le ton en frappa la *Neue Freie Presse*. Elle se mit à sa recherche, le découvrit en Espagne et lui proposa l'affaire de Paris.

Le voyageur inconnu accepta. Les vieux journalistes parlementaires français n'ont qu'à faire appel à leurs souvenirs. Ils reverront notre homme en train d'écrire sous l'escalier de la salle de la Rotonde, à la Chambre des députés. Les confrères étrangers travaillaient, en effet, sous l'escalier. On les a remplacés, ces années dernières, par un ascenseur. Le nouveau Moïse sous l'escalier ! Mais le secrétaire général de la Présidence n'est pas tenu d'être un sorcier !

Herzl réussissait. Il lança un livre, *le Palais-Bourbon*, qui fit les beaux jours de l'Europe centrale. On jouait ses pièces à Vienne, à Berlin. La *Neue Freie Presse* le nommait directeur littéraire. Au bel homme, la vie était belle, quand soudain...

Quand éclata l'affaire Dreyfus.

Il entendit, dans les rues de Paris, le cri de : « Mort aux Juifs ! »

Jusqu'ici Herzl avait vécu en dilettante. On raconte bien que dans son jeune âge, il aurait dit au docteur de sa famille : « Il n'y a, pour nous autres Juifs, qu'un moyen de former une nation respectée, c'est de nous en aller en Palestine. – Qui nous y conduira ? » Et qu'il aurait répondu : « Moi ! »

Depuis, il semblait avoir oublié sa mission. Comme ceux de sa race, il avait fait sa *Bar-Mitzwah* (première communion) et prononcé son petit discours en hébreu à la synagogue. Ses manifestations s'étaient arrêtées là. Et, certes il se croyait bon sujet autrichien.

Le cri de « Mort aux Juifs ! » fut un éclair sur son âme. Il bloqua son train. « Moi aussi, se dit-il, je suis Juif. »

Que ce cri s'élevât en France, voilà ce qui, surtout, le bouleversa. La France, depuis plus de cent ans, avait reconnu aux Juifs l'entière qualité d'homme. Elle était en tête des nations dans le cœur d'Israël. Si, ici, brusquement, le terrain manquait à leurs pas, si l'on reportait sur tous le soupçon pesant sur un seul, c'est que le Juif, même dans son pays privilégié, n'était pas encore chez lui.

Et Herzl, ce jour-là sentit sa mission fondre sur lui.

Il bouscula sa vie, rompit avec ses succès. Il entra en fièvre.

Le premier acte de sa nouvelle incarnation, il le demanda à son métier : il fit un livre.

Un livre ? Un texte de loi plutôt. Aux cinq livres de Moïse, il ajoutait le sien. Il ouvrait les paupières à son peuple et lui disait : « Regarde où tu en es après dix-neuf siècles de ta vie de roulier. » L'ayant mis en face de son état, il posa le problème du retour en Palestine et, comme sur un grand tableau noir visible du monde entier, devant les quatorze millions de Juifs attentifs et dispersés, il en tira la solution.

Ce livre s'appela : *l'État Juif*.

« Je n'avais encore jamais rien écrit dans un tel état d'exaltation, a-t-il dit. Heine raconte qu'il entendait sur sa tête le battement d'ailes d'un aigle lorsqu'il composait certains de ses vers. J'entendais au-dessus de moi quelque chose de semblable à un frémissement. »

Mais ce livre était tout et n'était rien. Herzl avait assis sa base ; il fallait, maintenant, dresser le monument.

Herzl partit en croisade. Il n'en est pas de plus étonnante dans les temps modernes. Il se précipita d'abord chez le baron Maurice de Hirsch. Quand on n'a pas d'argent et que l'on veut créer un État, il faut d'abord frapper aux coffres-forts. Le baron Hirsch avait consacré des centaines de millions à la détresse des siens. Il avait acheté à leur intention pour cinquante millions de terrains en Argentine. C'était un homme que l'on pouvait embarquer sur sa galère.

Herzl ne représentait rien à l'esprit du baron. C'était seulement un homme jeune qui allait publier un livre. Il vit entrer chez lui non un quémandeur, mais l'ambassadeur des temps prochains. Lorsque le baron, intrigué par une telle allure, commença de discuter avec son hôte : « Inutile de perdre du temps, coupa Herzl, et, frappant sur les épreuves de son livre : Tout est là ! – Et l'argent ? demanda le financier. – Je vais lancer un emprunt national juif de dix milliards de marks, répondit le journaliste. » On assure que Hirsch répliqua : « Rothschild donnera cent sous et les autres Juifs rien du tout. » Le coup des dix milliards avait mis fin à l'entretien. Mais le lendemain, Herzl écrivait à Hirsch : « Je vous aurais montré mes bannières et comment j'entends les déployer. Et si, ironiquement, vous m'aviez demandé : « Un drapeau. Qu'est-ce ? Une loque au bout d'un bâton ? » Je vous aurais répondu : « Non, monsieur, un drapeau c'est plus que cela ! Avec un drapeau on conduit les hommes où l'on veut et même en Terre Promise. »

Le baron Hirsch mourut. *L'État Juif* parut. Herzl se rendit chez Zadoc-Kahn. Grand-rabbin de France, Zadoc-Kahn ne voulait pas du tout aller en Palestine. Herzl était en somme un étranger, un Autrichien, et il touchait là à une question redoutable. On dit encore que Herzl répondit : « Tout cela ne vous regarde pas ? bien ! Vous êtes Français israélite ? bien ! Mon projet est en effet une affaire intérieure juive. Alors, adieu ! »

Il partit pour Londres. Il y fit grande impression et quelques discours. Là, comme à Paris, il comprit qu'il parlait dans le désert et que les Juifs pauvres sont la plaie des Juifs riches et qu'il est très difficile, même au nom de l'idéal, de faire déménager des gens bien logés.

De ces premiers coups de filet, il ne ramena qu'un disciple : Max Nordau.

La pensée sioniste, irradiant de Herzl, avait pénétré les frontières. Il lança l'appel d'un congrès universel. Ce fut le signal qu'attendaient les gens en place pour déclencher l'attaque. Rabbins de Londres, de Vienne poussèrent la première botte. Les rabbins allemands, tous en chœur, dénoncèrent le faux Messie. Pour endiguer le flot qui le veut noyer, Herzl fonde un journal, la *Welt,* et leur répond par ces mots : « *Valets de synagogue.* » Les rabbins l'emportent. Munich, choisi comme lieu du congrès, refuse de l'abriter. Herzl se retourne et désigne Bâle.

Ah ! ces journées de Bâle ! Quel spectacle ! Israël, pour la première fois depuis vingt siècles, se réunit. Polonais, Hongrois, Allemands, Français, Russes, Anglais, Hollandais, Américains, Égyptiens, Mésopotamiens, Yéménites, c'est-à-dire un peu noirs sinon nègres. Des glabres, mais surtout des barbes, encore des barbes. Et les papillotes battant les tempes ! Tous ces frères qui ne s'étaient jamais vus se regardant le nez avec stupéfaction ! Herzl, devant cette vivante carte du monde, trembla. Son souffle pourrait-il fondre ces âmes pour n'en faire qu'une seule ?

Il gagna la tribune et, avant tout, plongea son fameux regard dans cette masse. Alors eut lieu le fait surnaturel. L'assemblée, un instant hésitante, se dressa, fascinée. La race dispersée venait de voir apparaître la statue de la race. Après un quart d'heure de délire, Ben-Ami, traduisant la pensée unanime, lançait à la face de Herzl le vieux cri hébraïque : *Jechi Hamelech !* Vive le roi !

Il partit pour Berlin voir Guillaume II. Les chancelleries avaient été émues par l'affaire de Bâle. L'empereur eut la curiosité de cet étrange homme. Il le reçut. Justement, Guillaume préparait son voyage en Palestine, avec arrêt à Constantinople. Herzl gagna Constantinople. Son projet n'était-il pas d'obtenir du sultan la cession de la Palestine contre argent comptant ? Qui, mieux que Guillaume, pourrait plaider la cause auprès du Grand Turc ? Car si nous ignorions à cette époque, la mainmise de l'Allemagne sur la Turquie, lui la connaissait. Et Guillaume reçut Herzl une deuxième fois à Yildiz-Kiosk. Ce coup-ci, le chancelier Bülow assistait à l'entretien. Herzl faisait déjà figure de chef d'État. Il ne lui manquait que l'État ! La tournure de ces conversations fut telle que Herzl, flanqué d'une délégation sioniste, décida de ne pas laisser souffler Guillaume. Guillaume allait à Jérusalem ? Herzl irait à Jérusalem. Il s'embarqua. Et quand, au cours de l'entrée solennelle de l'empereur dans la ville sainte, Guillaume, du haut de son cheval, aperçut Herzl dans la foule, il poussa sa bête et se pencha pour tendre la main au roi sans couronne. Nouvelle entrevue à Jérusalem. Enthousiasme des Juifs. Retour de Herzl à Londres. Dix mille Juifs pressés pour l'entendre. Herzl annonce que les temps sont proches. Toute l'Europe orientale tressaille, les mains tendues vers le Messie.

Les jours passent. Rien de nouveau à l'horizon juif. Le peuple murmure.

Herzl repartit pour Constantinople voir le sultan. Il allait lui présenter une charte. La cour ottomane lui barre l'entrée du palais. Elle aurait d'abord voulu reluquer l'or, cet or dont parlait Herzl. Ce qui intéressait les Turcs dans cet homme était moins le prophète que l'alchimiste ! Le prophète l'emporta. Abdul Hamid invita Herzl au Sélamlik. Après la cérémonie il le reçut. L'impression que le Juif produisit sur lui, le calife l'exprima sans attendre : voilà Jésus-Christ ! cria-t-il en le voyant entrer.

Herzl sortit de là avec quelque espoir et le grand cordon de l'ordre du Medjidié. Il ne s'agissait plus que de trouver l'argent. Paris lui rit au nez. Londres promit les capitaux, mais, avant, les Anglais demandaient à voir la signature du sultan au bas de la charte. Le sultan, lui, voulait lorgner l'argent avant de donner sa signature.

Herzl échoua au but, trébuchant sur le cœur d'or des banquiers juifs.

Il attaqua Carnegie, homme de bien ; Cecil Rhodes, homme d'affaires. L'homme d'affaires semblait mordre. Il mourut.

Herzl revint à Constantinople... Le sultan le logea à Therapia comme un prince, avec officier d'ordonnance et carrosse. Herzl et le grand vizir entrèrent en négociations. Herzl demandait que le sultan autorisât une colonisation juive en Palestine. Le sultan offrit d'autres terres en Asie-Mineure, mais réserva la Palestine.

C'était pour Herzl la chute du dernier mur du Temple.

Il partit pour la Russie. Il vit Plehve. Il vit Witte.

Les conversations qu'il eut avec ces hommes furent soumises au tsar. Il lui fut répondu que la Russie ne permettrait aucun mouvement pouvant aider à l'insubordination des Juifs russes, mais que, s'il s'agissait de diminuer leur nombre, elle soutiendrait Herzl.

C'est alors qu'il eut la révélation de Vilna. À son retour, il s'y arrêta. Vilna est la Jérusalem des neiges. Dix mille Juifs cernèrent l'hôtel du nouveau Messie et l'acclamèrent.

Le gouverneur russe fit sortir les cosaques. Les nagaïkas entrèrent en danse. « Que se passe-t-il ? demandait Herzl. Pourquoi frappe-t-on ces gens ? » On voyait bien qu'il n'avait jamais voyagé par là !

On le conduisit à la gare, sa voiture entourée de cosaques. Les Juifs, sous les coups, se ruaient quand même pour le bénir. Il y eut autant de coups de schlague que de bénédictions. « C'est épouvantable, disait Herzl, épouvantable ! »

Herzl en perdit sa direction. Devant de tels faits, il composa avec l'idéal. La Palestine s'éloignant, il fallait admettre toute autre solution. Il engagea des pourparlers avec le gouvernement anglais pour la région d'El-Arish dans la presqu'île du Sinaï. Il pensa à l'île de Chypre. Il alla au Caire. Tout craquait, quand...

Quand le grand Chamberlain rentra d'un voyage en Afrique. Depuis longtemps le Juif avait frappé l'esprit de l'Anglais. Chamberlain proposa à Herzl de partir avec les siens coloniser l'Ouganda ! Herzl ne dit pas non.

Alors !...

Alors ce fut un beau tumulte au sixième congrès

qui se réunissait je ne sais même plus où ! Au lieu de la Terre Promise, la brousse des nègres ? Les Juifs, d'après André Spire, « déchirèrent leur vêtements, pleurèrent sur le sol, grincèrent des dents ». Jérémie lançait l'anathème contre Herzl.

Pâle, Théodore. Herzl est debout. Il parle avec des paroles douces qui calment les cœurs. Lui, un traître ? Ô mes pauvres enfants ! Et il récite l'acte d'amour à la patrie, et tous avec lui, comme autrefois leurs pères partant en captivité, redisent, main levée, le serment des Hébreux :

Si je t'oublie, ô Jérusalem !
Que ma main droite se dessèche
Que...

Le vent qui avait ébranlé Herzl ne s'apaisa pas. Au cri de : Mort à l'Africain ! Max Nordau, son lieutenant, essuie deux coups de revolver à Paris. Herzl, déjà malade, ne fuit pas la tempête. Il part pour Rome. Il va plaider la cause des Juifs au Quirinal et au Vatican. Il voit Tittoni, Merry del Val. Il voit le roi. Il voit le pape !

Il revient à Vienne et convoque le grand comité d'action.

– Non ! mes enfants, répond-il aux acharnés qui lui envoient toujours de l'« Africain », je ne vous trahirai pas, vous pouvez me croire ! Regardez-moi, je suis bien de Sion.

Cette séance levée, Herzl rentra chez lui. Son souffle s'éteignait. Il écrivit sur une feuille de papier : « Au milieu de la vie arrive la mort. » Puis, laissant

cette feuille sur son bureau, il partit... rendre l'âme à Edlach.
 Il avait quarante-quatre ans.
 Herzl est mort. Son rêve vit !

5

LA RANDONNÉE DES JUIFS

Quelle randonnée que celle des Juifs !
Ils viennent du troisième âge du monde : exactement du jour où le Seigneur, établissant Abram comme le Père, changea son nom en Abraham. C'était, croit-on, aux environs de l'an 1920 – avant Jésus-Christ.

À cette date également le Seigneur promit à Abraham de donner à sa descendance la terre où lui et les siens *demeureraient comme étrangers,* c'est-à-dire tout le pays de Chanaan.

Puis la circoncision scella le pacte d'alliance de Dieu avec les Juifs.

Un peu plus tard, la famine s'étant déclarée dans le pays de Chanaan, Jacob, fils d'Isaac, lequel était fils d'Abraham, emmena sa famille en Égypte.

Joseph, fils de Jacob, était un grand homme d'affaires. Il devint si riche qu'il ne tarda pas à acheter toutes les terres d'Égypte.

Jacob mourut. Joseph mourut. Mais les arrière-petits-enfants d'Abraham se multiplièrent avec tant d'indiscrétion que, bientôt, ils occupèrent tout le pays.

Un nouveau pharaon s'en montra fort ému : « Voyez, dit-il à son peuple, les enfants d'Israël sont devenus si nombreux qu'ils sont plus forts que nous. »

Il ordonna de les opprimer et recommanda aux sages-femmes de tuer les enfants mâles. Ce fut le premier pogrome.

C'est alors que Moïse apparut dans son panier de jonc, parmi les roseaux du Nil. Vous connaissez ses conversations avec Dieu – quand il eut grandi ! et comment il fit traverser la mer Rouge aux Hébreux pour les ramener au pays d'Abraham.

Était-ce bien le pays d'Abraham ?

Je pose cette question parce qu'elle est de la plus brillante actualité.

Depuis la conférence de San-Remo, en 1920 (après Jésus-Christ), où le conseil suprême des alliés donna mandat à l'Angleterre de créer un « foyer national juif » en Palestine, les Arabes ne cessent de crier à l'imposture.

Ils nient que la Palestine soit le berceau des Juifs.

Et, comme preuves, ils brandissent les paragraphes 3, 4 et 5 du chapitre XXIV de la *Genèse* :

« Or Abraham étant vieux, dit au plus ancien de ses domestiques :

« Mettez votre main sur ma cuisse, afin que je vous fasse jurer par le Seigneur que vous ne prendrez aucune des filles des Chananéens, parmi lesquels j'habite, pour la faire épouser à mon fils,

« mais que vous irez *au pays où sont mes parents* afin d'y prendre une femme pour mon fils Isaac. »

Or ce pays était la Mésopotamie.

Abraham, aux yeux des Arabes, était donc un usurpateur !

Les Juifs n'emportèrent d'Égypte que les os de Joseph. La mer Rouge traversée, ils campèrent en différents endroits des plaines de Moab, qui, depuis, ont dû changer de nom ! Moïse mourut. Josué lui succéda. Le dénombrement du peuple avait donné douze tribus. Neuf tribus et demie traversèrent le Jourdain et s'installèrent en Palestine. Deux tribus et demie restèrent en deçà du fleuve, en Transjordanie.

Et Juda succéda à Josué. Et commença la période des Juges. Et vint la royauté, Saül, homme de guerre, premier régnant. Et David, successeur de Saül, marcha sur Jérusalem et l'arracha aux Jébuséens. Sacré roi de tout Israël, il planta le drapeau des Juifs sur Sion, c'est-à-dire qu'il y transporta l'Arche d'Alliance. Et Salomon succéda à David et fit bâtir le Temple. Et Salomon mourut. Et les divisions commencèrent. Et ce fut une cascade de rois. Et de Josué à Hérode, c'est-à-dire au cours de mille quatre cent quarante-cinq ans, guerre sur guerre les soumettant aux Mésopotamiens, aux Moabites, aux Chananéens, aux Madianistes, aux Philistins. Et Nabuchodonosor les emmène en captivité à Babylone. Et le Temple est détruit. Et Cyrus le Persan les renvoie à Jérusalem. Et le Temple est reconstruit. Et vint Jésus-Christ. Et soixante-dix ans après, Titus, délégué en Palestine par la Société des nations... pardon par Vespasien, son père, détruit de nouveau le Temple et saccage Jérusalem.

C'est alors que les Juifs prirent leur bâton et s'en allèrent par le monde.

Évidemment, quand Titus, revenu à Rome, s'écriait, selon son habitude : « J'ai perdu ma journée ! », ce n'était pas de cette journée-là qu'il devait parler !

Où allèrent-ils ?

Il y eut ceux qui craignaient l'eau et ceux qui ne la craignaient point.

Les premiers, peu nombreux, se dispersèrent vers Babylone ou descendirent sur l'Arabie. Un petit groupe, même, ne quitta jamais la Terre Promise. Leurs descendants, complètement arabisés, se voient encore, de nos jours, en un village de Haute-Galilée qui s'appelle simplement Pékin !

La masse s'embarqua sur des galères.

Il est à supposer que, dans le nombre, quelques-unes aboutirent à différents endroits des côtes de la Méditerranée. Le plus gros convoi, cependant, toucha les rives occidentales, connues aujourd'hui sous le nom de côtes d'Espagne et de côtes de France. Je voudrais bien vous dire ce qu'ils y firent, mais je ne le sais pas.

On peut penser qu'ils marchèrent sans itinéraire, poussés par leur désespoir et ne se retournant que pour rattraper leur barbe quand le vent la rejetait en arrière. Je les vois divisés en multiples colonnes, suivant les rivières et les fleuves, et précédés d'un homme de tête qui seul portait quelque chose : un rouleau de parchemin : la Loi !

Furent-ils heureux pendant les huit premiers siècles de notre ère ? Je l'espère. Par contre, je ressens assez vivement l'angoisse qui dut les étreindre quand ils apprirent que la papauté avait chargé Charlemagne de constituer l'Occident en un empire où régnerait le christianisme.

Les hommes de tête déroulèrent certainement leur rouleau. Les Juifs se massèrent autour de la Loi. Ils la lurent et la relurent. Pas d'erreur, leur loi s'opposait aux ordres de Charlemagne. Voilà maintenant qu'ils allaient entrer en conflit avec l'empereur des terres où ils marchaient !

Et la nouvelle passion des Juifs commença. La croix qu'ils avaient taillée pour Jésus se mit à les poursuivre. Charlemagne mourut. Les siècles passèrent. On découpa l'Europe. Quel que fût le roi des pays où ils abordaient, la croix les écrasait de son ombre sans cesse grandissante.

L'hostilité des peuples les entoura. À leur approche, les masses grondaient. La Thora fut en danger. Il ne fallait plus penser camper sans souci parmi les Gentils. Ils s'arrêtèrent où ils étaient pour se terrer. Si la peur ouvre les yeux, elle rétrécit les horizons, aussi se tassèrent-ils dans un même quartier. Ce fut la naissance du ghetto, la patrie dans les patries.

Nous étions alors au moyen âge.

De romanichels, si l'on ose dire, ils devinrent des bêtes curieuses. Le dimanche, les chrétiens allaient rôder autour des ghettos, comme ils vont de nos jours le long des cages des jardins zoologiques. Il ne faut jamais longtemps à la sottise pour accoucher. Les Juifs prirent figure de démons terrestres. L'imagination leur vit bientôt une queue au derrière, des cornes au front et des flammes aux lèvres. Personne ne doutait qu'ils fussent atteints des plus ignobles maladies. Dès qu'ils ouvraient la bouche, l'air était empoisonné. Leurs os perçaient leur chair. Les vers les mangeaient vivants. Les pères épousaient leurs filles. À certaines dates, ils dévoraient les enfants des chrétiens. Et si la peste éclatait, ils en étaient les auteurs !

Dans ces quartiers où volontairement ils s'étaient cloîtrés, on les enferma donc. Et, pour les reconnaître, on les marqua d'une rouelle sur la manche.

Ils étaient surtout en Espagne et en Allemagne.

L'Espagne de l'Inquisition voulut les forcer à abjurer la Thora. Beaucoup se firent chrétiens, non par amour pour le Christ, mais par peur de Torquemada. On les appela les marranes. L'Espagne finit par les chasser. Les uns gagnèrent les Pays-Bas, les autres se laissèrent emporter par la mer. On voyait ces derniers à Salonique du temps de Sarrail.

À peu près à la même époque, les Juifs d'Allemagne reprirent leur bâton. Le choléra ayant dévasté le pays, on leur fit porter le poids du malheur. Ils partirent pour la Pologne, tirant sur les grand-routes leurs ghettos ambulants.

Cent ans, deux cents ans passèrent, puis une étoile venant d'Orient s'alluma, un soir du XVIIe siècle, au-dessus des plus noirs ghettos. Était-ce enfin l'œil attendu du Messie ? Israël allait-il plier ses tentes et regagner le pays de Chanaan ? Il s'en fallut de peu et de tout. Cette étoile n'était autre qu'un Juif habitant Smyrne. Il s'appelait Sabbataï Cévi. Sa folle histoire de faux prophète déclencha une telle tempête sur le peuple juif tout entier que le Grand Turc dut s'en émouvoir. Sabbataï Cévi, appelé à Constantinople, préféra, hélas ! ne pas être pendu. Le précurseur de Théodore Herzl se fit mahométan ! Le vent de l'espoir tomba. Et les tentes des ghettos, qui battaient déjà d'allégresse au bout de leur poteau, s'affaissèrent, une fois encore, sur le sol étranger.

Il faut que vous sachiez que tous les Juifs ne demeurèrent pas au cœur des troupeaux qui paissaient l'Occident. Aussi bien en Espagne qu'en Allemagne, en Pologne qu'en Ukraine, l'intelligence, qui est toujours reine, porta beaucoup des leurs aux places les plus hautes. L'Église, en leur interdisant toute participation à la vie des États, en les reléguant dans l'impie commerce de l'or, avait, sans le prévoir, préparé des maîtres aux États. Les uns furent chanceliers d'Espagne, les autres ministres secrets de princes allemands. Les seigneurs polonais d'alors ne mésestimaient pas non plus leurs lumières. Mais à servir les grands on irrite le peuple. Ce mépris du populaire fit bientôt place à la haine. Si bien que la première effroyable chose arriva : Chmielnicki, hetman des Cosaques d'Ukraine, passa sur tous les ghettos et massacra trois cent mille Juifs.

Alors, pour se consoler, Israël se plongea dans le *Zohar*. Je veux dire que Bal Chem Tov apparut.

Bal Chem Tov vivait il y a deux siècles. Il était, paraît-il, coupeur de bois dans les Carpathes. Et sur ce compagnon des loups, le Seigneur daigna abaisser sa pensée.

– Quitte ta hache, lui dit-il, prends une voiture, traverse les Carpathes et va en Pologne dire à mes

Juifs qu'ils ne savent plus me parler. Leur âme est triste comme leur habit. De peur de rencontrer mon regard, leurs yeux s'accrochent au bout de leurs bottes. Ils pleurent, ils geignent. Courbés je ne sais sous quel poids, ils marcheront bientôt à quatre pattes. Ce peuple qui devrait être joyeux d'être mon élu, je le vois plongé dans l'affliction. La lumière s'efface du visage de mes Juifs, et les barbes sèchent à leur menton.

Dis-leur que je leur ordonne de relever la tête. Au lieu de gémir, ils chanteront ; au lieu de trembler, ils danseront ; au lieu de jeûner, ils se griseront. Assez de larmes, et vive la joie !

Bal Chem Tov posa sa hache. Il monta dans une voiture et partit à travers la Pologne. Frappant aux portes des synagogues, il cria :

— Holà ! que faites-vous le front contre terre ? Je vous apporte la parole de l'Éternel. Relevez-vous et dansez, mangez, buvez, fumez, chantez ! Laissez reposer votre esprit : il est racorni depuis le temps qu'il ergote, mais votre cœur est frais ; écoutez ses élans.

Fermez le Talmud ! Qu'est-il ? Tout au plus un vieux grimoire d'académiciens démodés. Voici le dernier cri du jour : le *Zohar*, le livre de la splendeur ! Ouvrez et lisez !

Israël presque en entier écouta Bal Chem Tov. Il lut le *Fol Zohar*. Puis il se mit à prier en dansant, en mangeant, en buvant, en fumant, en chantant. Ce fut la naissance du hassidisme. Et du hassidisme s'élevèrent les miracles. Et Bal Chem Tov, dit le Balchem, le coupeur de bois des Marmaroches, fut le premier rabbin miraculeux. Et...

Et vint la Révolution française. La France apprit

au monde que le Juif était un homme et non un démon fourchu. Mais l'Europe n'est faite que de cloisons. La nouvelle ne put les traverser toutes. Péniblement elle arriva jusqu'à Vienne. Ainsi, les Juifs se trouvèrent scindés en deux. Ceux de l'Ouest, les nôtres, vous les connaissez. Allons voir les autres !

6

LES VOILÀ !

À 36° sous zéro, il faut se raser la moustache. Autrement, elle devient trop lourde à porter, et cela vous fatigue. Vous n'avez plus de poils sous le nez, mais des glaçons. Plus vous soufflez pour les faire fondre, plus les glaçons engraissent. La buée animale ne peut lutter contre le frigorifique de la Bohême.

Ainsi, bonhomme de neige, allais-je dans Prague. On peut se raser, on hésite à se couper le nez, les oreilles et les dix doigts des pieds. M. Osusky, ministre de Tchécoslovaquie, qui m'envoyait au fin fond de son pays sous le prétexte que si je voulais voir des Juifs c'était là qu'il fallait aller, m'avait bien dit : « Couvrez-vous ! » Monsieur le ministre, j'avais trois paires de chaussettes de laine l'une sur l'autre, des guêtres et des souliers d'égoutier. Quant aux oreilles, je voyais parfaitement vos compatriotes cacher les leurs sous une espèce de casque téléphonique.

J'ai été élevé en France, c'est-à-dire dans l'horreur du téléphone. Et, même quand le casque se termine par deux mignons losanges de velours, je le repousse. J'aurais pu, malgré tout, acheter cet appareil, je vous le concède, mais le nez ? J'avais un étui à ciseaux dans mes bagages, c'est vrai. On m'eût arrêté dans la rue et peut-être mis chez les fous. C'eût été dommage : Prague, sous la neige, est une si jolie dame !

J'y venais saluer le cimetière juif et la synagogue. Ils représentent, en Europe, les plus vieux témoins de la vie d'Israël. À l'entrée des pays de ghettos, ils sont les deux grandes bornes de la voie messianique d'Occident.

Ce n'est pas un cimetière, mais une levée en masse de dalles funéraires, une bousculade de pierres et de tombeaux. On y voit les Juifs – je veux dire qu'on les devine – s'écrasant les pieds, s'étouffant, pour se faire, non plus une place au soleil, mais un trou sous terre. À cette époque, quel que fût leur nombre, vivants, ils devaient tous tenir dans le ghetto, et, morts, tous se coucher dans le cimetière. On n'agrandissait pas davantage l'un que l'autre. Il était déjà beau qu'on leur eût concédé une parcelle du sol chrétien.

Chargées de leurs caractères hébraïques, les stèles se livrent bataille, se saisissant à bras-le-corps pour mieux se déraciner. Il en est qui s'épaulent, lasses de l'effort ; vaincues, beaucoup sont tombées et le tas qu'elles forment témoigne de l'âpreté de la lutte. D'autres, pour assurer définitivement leur position, sont entrées carrément en terre. Les plus acharnées foncent en tous sens, piquant de droite, de gauche, se chevauchant farouchement. Et nous ne parlons que du dernier étage, de celui qui a fini par avoir le dessus, sept ou huit couches de morts meublant l'enclos. Ce n'est pas un lieu de repos, mais un tumulte macabre.

Des pigeons, des lions, des ours, des bouquets, une fleur, des raisins, des petits pots, des mains croisées, des coqs, des loups, des petites vaches, tout cela, sculpté sur ces pierres, signale soit la tribu, soit le nom. Avant Marie-Thérèse d'Autriche, les Juifs n'avaient pas de nom officiel. Quand l'impératrice décida de les enregistrer, il fallut bien les baptiser (je parle au civil). Mais, pour eux, l'Allemagne, la Bohême, la Hongrie n'ouvrirent pas le calendrier. Qu'un Juif eût un nom, n'était-ce pas déjà une dangereuse condescendance ? Pour en atténuer la portée, on ne leur donnerait que des noms de choses ou d'animaux. Les pauvres n'avaient droit qu'à un nom de bête vulgaire. Ceux qui possédaient quelques kreutzers étaient autorisés à choisir pour patron un animal noble, voire féroce. Les favorisés de l'or pouvaient s'offrir un nom de fleur. Ainsi le riche devenait Blum et le prolétaire n'était qu'un Schwein, c'est-à-dire un pourceau.

Les plus heureux de tous ces morts étaient ceux de la tribu d'Aaron. Leur noblesse leur interdisant de séjourner en des lieux malpropres, on les avait enterrés sur les bords de ce champ de bataille.

Près du cimetière, à cent mètres, on voit la synagogue. Elle est petite. Mais là n'est pas le fait qui la distingue. Qu'est-ce donc ? Elle a l'air de se présenter sous un masque. En effet, elle est gothique. On leur avait construit, à ces malheureux, une synagogue ressemblant à une église ! L'architecte, un chrétien, en croisant les ogives, leur avait dessiné des croix au plafond ! Ce temple démentait son idole. Plus tard, ils ajoutèrent une cinquième branche, aux motifs, pour brouiller l'implacable signe.

Il ne faut pas grande imagination pour voir rôder près de ces pauvres pierres la détresse du peuple maudit. L'esprit les rassemble aisément tels qu'ils étaient, et tels qu'ils sont encore ailleurs, autour de cette maison de prières. Chassés, battus, moqués, ne pouvant sortir de leur camp de concentration, accusés de magie, de sorcellerie, de maladies, leurs habits marqués d'une rouelle, ils allaient, le dos voûté, pâles et maigres, la barbe désenchantée, dans les petites rues d'alors, à grands pas et tête baissée, vers cette première synagogue. C'était leur unique patrie. Là seulement ils se réchauffaient le cœur. Sous ces voûtes, ils oubliaient les méchants rois du jour dans l'attente exaltée du Messie. C'était pour eux et pour quelques heures seulement comme notre Trêve de Dieu de l'an mille qui suspendait les violences du mercredi au lundi. En sortant, ils levaient de grands yeux interrogateurs et regardaient l'heure à cette horloge juive dont les aiguilles tournent à l'envers. Comment n'eussent-ils pas marché à reculons ?

Il y a le Christ du pont Charles-IV aussi. C'est le troisième témoin de l'ancienne vie juive de Prague. C'était en 1692. Un Juif qui traversait la Voltava cracha sur Jésus en croix. On condamna l'imposteur à mort et le ghetto à réparer l'outrage. Les Juifs dorèrent le christ, et depuis ce jour – suprême réparation – la croix porte en lettres hébraïques : « Saint, trois fois saint, le nom de Jésus-Christ. »

Je vais prendre le train. Je quitte le monde civilisé et je descends au pays des ghettos. Le portier de l'hôtel m'a donné une petite bouteille que j'ai là, dans ma poche. Ce n'est pas bon à boire ; ce n'est pas pour me piquer le nez, mais pour me le frotter : c'est du pétrole. Dès que le bout de mon nez deviendra blanc, cela voudra dire que l'heure de la friction aura sonné. Mais je n'ai pas de glace ; comment surveillerai-je la couleur de mon appendice ? Peut-être de bienveillants voyageurs me préviendront-ils ?

Je me rends d'abord à Mukacevo. Quand l'Europe n'est pas polaire, c'est à vingt-quatre heures de Prague. Autrement on ne sait plus. Avant la guerre, ce pays était hongrois ; aujourd'hui, c'est le bout de la Tchécoslovaquie. Cependant, il s'appelle la Russie sud-carpathique. En fait, c'est la Ruthénie...

Rien à signaler pendant dix-huit heures. Mon nez tient toujours. Mais voici Batu. Adieu ! la belle voie de Bucarest ! Là, un train local me prendra et me jettera dans les Carpathes.

Et les voilà ! Voilà les Juifs ! J'ai tout de suite pensé à des personnages extraordinaires descendus ce matin de la planète la moins explorée ; mais c'était bien les Juifs. Ils étaient tout noirs sur la neige et leur barbe et leur caftan leur donnaient l'allure d'autant de cyprès. Le vent soulevant barbes et cafetans, ces cyprès frémissaient. Eh bien ! – et je me l'avouais, transporté d'étonnement – je n'avais jamais rien imaginé de pareil. Ah ! mon ignorance, toi qui croyais connaître toutes les espèces d'hommes qui tassent la terre à coups de pieds ! Et ceux-là vivaient en Europe, à quarante-cinq heures de Paris ?

Inquiets (inquiets de quoi ?), ils allaient sur ce quai, fouillant tout du regard, rôdeurs, fouineurs et interrogateurs. Ils faisaient penser aux citadins, pendant la guerre, tandis qu'un avion ennemi rôdait au-dessus de leur ville. Ces Juifs semblaient rechercher le plus proche abri, et cependant ils restaient dehors. Ils portaient des baluchons sur l'épaule ou de petites boîtes à la main. On s'attendait à ce qu'ils vous offrissent leur marchandise, comme le font les Arabes chargés de tapis. Et quand un couple entrait en conversation, leurs mains de marionnettes traduisaient si bien leurs paroles que, de loin, on avait l'illusion de prendre part soi-même à ce bavardage gesticulant.

J'armai mon appareil photographique et me mis en batterie. Avez-vous jeté une pierre dans un groupe de moineaux ? Mes Juifs s'envolèrent. Peut-être n'en retrouverais-je plus d'aussi beaux ? Je les poursuivis avec mon instrument. Les uns couraient, les autres masquaient leur visage de leurs mains, les plus hardis me montraient le poing. « Ça ne mange pas les hommes, leur criais-je, c'est sans douleur ! » Comme dans ces pays on parle onze langues, dont les plus connues sont le petit-russe, le tchèque, le magyar et le yiddisch, mon français n'était guère victorieux.

Ils virent bien que je n'étais pas un enfant du Seigneur. J'avais oublié, en effet, la loi du Sinaï : « Vous ne ferez point d'image taillée ni aucune figure de tout ce qui est en haut dans le ciel et en bas sur la terre... » J'enfouis mon appareil dans ma poche. Ils revinrent le long du train. Mais leur regard était rempli d'indignation.

Pendant une demi-heure je fus l'objet d'interminables chuchotements. Ils m'examinaient à la dérobée, passant devant et derrière moi et repassant. Leur curiosité à mon égard était intense et jaillissait de leurs yeux. Ils demeuraient stupéfaits. Quelle sorte de bipède pouvais-je être ? Qu'allait-il encore leur arriver de mal ? Ils s'interrogèrent. Dans les villages de l'intérieur du Japon, je n'avais pas été regardé par des yeux aussi méfiants.

Enfin, ils montèrent dans le tortillard. J'y montai aussi. Ils étaient dix-neuf, regagnant Mukacevo. Ils se tassèrent dans deux compartiments. J'entrai dans un troisième, séparé de l'un des leurs par une plaque de tôle ajourée.

Le train partit.

Il n'y avait plus maintenant dans ce pays que notre train et la neige. Les steppes étaient blanches jusque là-bas, très loin, jusqu'aux montagnes, et les montagnes étaient blanches jusqu'au ciel. Soudain, j'entendis comme une mélopée emplir le compartiment voisin, une phrase grave et chantante. Je collai mon front contre la tôle ajourée. L'un des cyprès pensants était planté dans un coin du réduit. Les yeux clos, les papillotes en folie, le visage visité par l'extase, le corps oscillant avec la régularité d'un pendule, il psalmodiait. Les autres debout également, le dos voûté, la tête penchée, les paupières baissées, frémissant du haut en bas, remuaient les lèvres.

Le chef de la bande s'échauffa. L'excitation pieuse emplit le wagon. Au ton de la confidence succéda la voix impérieuse du croyant. Maintenant il ne conseillait pas, il commandait. Plus il sentait son groupe s'approcher de Dieu, plus il le poussait.

Et tous les autres entrèrent en transes. Il me semblait entendre les appels et les répons de farouches litanies. Sous les paupières, toujours closes, transperçait la brûlante inspiration du regard. Les monts Carpathes se fussent écroulés au milieu d'eux qu'ils eussent continué de tressaillir, non sous le choc, mais pour la gloire du Dieu d'Abraham, d'Isaac et de Jacob.

Le soleil allait se coucher.

Ils faisaient la prière de *Min'ha*.

7

ET CE N'EST QUE MUKACEVO !

Mais d'où sortent-ils ?
Alors, les voilà dans leur Russie sud-carpathique ?

Ah ! mes yeux, vous plaindrez-vous ? Ne voyez-vous pas du nouveau ?

Abraham, sont-ce là tes enfants ?

Et ce n'est que Mukacevo ! Que cachent les ravins et les crêtes des Carpathes ?

Qui leur a indiqué le chemin de ce pays ? Quel ange de la nuit les a conduits ici ? La détresse ou la peur ? Les deux.

Ils fuyaient de Moravie, de la Petite Pologne, de la Russie. Les uns dans l'ancien temps, les autres dans les nouveaux, chassés par la loi, la faim, le massacre. Quand on n'a pas de patrie et qu'un pays vous repousse, où va-t-on ? Devant soi. Les derniers, venus de Bessarabie, partaient pour l'Amérique. Voilà leur Amérique !

En Moravie, ils n'avaient le droit de se marier

qu'à raison d'un par famille. Ce n'était pas mal trouvé pour amputer la race. La famine les a chassés des bords du Dniester. Et depuis 1882 les quinze ou seize cents pogromes de Russie ont mis en marche les survivants.

Ils viennent de là.

Le pays était affreusement pauvre, presque vierge. Quand ils dressaient l'oreille, ils n'entendaient que le hurlement des loups et le prélude du vent dans les sapins. Alors ils se sont arrêtés, pensant que là ils ne gêneraient personne.

Ce n'étaient pas des israélites, mais des Juifs. Je répète cela parce qu'il faut bien comprendre. Les assimilés français, anglais, allemands, hollandais, hongrois, etc., ont renoncé depuis plus ou moins de temps à la vie purement juive. Chez eux, beaucoup plus d'Occident que d'Orient. Les pays qu'ils ont adoptés et loyalement servis les ont baignés de leur génie. Et maintenant, ils sont Français israélites, à peu près comme on est protestant ou catholique français. À notre génie ils ajoutent le leur. C'est tout ce que l'on peut dire.

Ceux de Moravie, de Pologne, de Russie, nos Juifs des Carpathes ne sont pas des israélites, mais des Hébreux. Ils sont Hébreux plus que Déroulède ne fut Français. Et c'est leur vie d'Hébreux qu'ils sont venus cacher dans ces montagnes, la même – la même avec des amendements en accentuant encore le caractère – que leurs ancêtres menèrent dès leur sortie d'Égypte, l'an 1500 avant Jésus-Christ.

Où donc se sont-ils préservés de la contagion européenne ? Dans le ghetto.

C'était leur refuge. Là, ils oubliaient les injures, là

se calmaient les brûlures des coups de cravache. Là, ils n'essuyaient plus d'affronts, de moqueries, de crachats. Les rois du jour n'avaient fait que les barricader chez eux. Depuis le XVIe siècle ils n'en sont pas sortis. Ainsi reconstituèrent-ils en milliers de fragments la patrie perdue au temps où notre ère n'avait pas cent ans.

De quoi et comment vécurent-ils dans ces ghettos ? Ils vécurent de rêves. Vous n'avez qu'à les regarder si vous croyez que je vous trompe. Ils ne sont pas maigres, ils sont creux. Joues pâles, estomacs défoncés. Sous un coup de doigt, ils résonneraient comme la caisse d'un violon. C'est que leurs rêves ne sont guère entourés que de maïs, de fruits sauvages, de légumes séchés et de débris d'abattoirs, des poumons aux tripailles.

Leurs métiers ? Ils n'en avaient pas. Vous savez que le moyen âge conduit par l'Église ne leur en avait permis aucun, sauf celui que les chrétiens n'auraient pu exercer sans déchéance : trafiquants d'or. D'autre part, le Talmud leur faisait défense de bêcher le sol étranger. Que leur restait-il ? D'être revendeurs ou intermédiaires, et comme ils étaient sans affaires, de traiter, du plus petit au plus grand, les affaires des autres. Exemple : j'arrive à Mukacevo. Fasciné par la révélation de ce nouveau monde, je reste planté sur un trottoir. Des paysans ruthéniens descendent des chars de bois. Une dizaine de Juifs sont à l'affût, la barbe visiblement alléchée. Un paysan ruthénien n'est pas particulièrement malin. Il a su couper son bois, il l'apporte, que lui demander de plus ? Le Juif va le lui vendre. Les chars s'arrêtent. Conciliabule du paysan tout de laine blanche habillé et du Juif sous son plumage de corbeau. L'accord est rapide. Le Ruthénien veut tant. Et mes Juifs de filer à grandes enjambées. Ils entrent dans les boutiques, grimpent les étages, battant de leurs tibias le bas de leur caftan. L'un, ne voulant rien négliger, revient même sur ses pas... et me propose l'affaire !

Auraient-ils pu s'évader de ce moyen âge ?

En 1870, le gouvernement hongrois, voulant magyariser les Carpathes, demanda aux Juifs de ne plus se reconnaître comme nation, d'abandonner le yiddisch, de réformer leur religion, de s'habiller avec notre beau veston, notre beau pantalon et de couper leurs papillotes. Les intellectuels acceptèrent, la masse refusa. Les premiers sont maintenant à Budapest, médecins, avocats, banquiers, fonctionnaires, officiers. Ils sont devenus farouches nationalistes, Hongrois jusqu'à l'hystérie. Ils ont renié le peuple hébraïque, après ils l'ont trahi. Juifs de première zone, ils ont aidé les Hongrois à asservir la seconde zone.

La voilà dans toute sa fidélité à Moïse. Rejetés par la Hongrie qu'ils avaient rejetée, si leur corps est demeuré ici, où leur esprit est-il allé ? Vers le *Wunderrabbi*. Le Wunderrabbi est le rabbin sorcier, le faiseur de miracles.

Ces Wunderrabbi les ont faits comme nous les voyons. Ce sont eux qui les empêchent de s'assimiler et d'émigrer.

Ils leur disent :

– Si vous partez dans les pays impurs, vous ne pourrez plus observer le saint jour du samedi. On vous tranchera les *peycés* (les papillotes), vous ne verrez pas s'accomplir les prophéties, et Dieu vous regardera avec l'œil de la colère. Si vous envoyez vos enfants à l'école moderne, vos cheveux tomberont, vos fils deviendront aveugles, vos filles commettront le péché. Si vous apprenez autre chose que la parole divine (ils n'apprennent ni la géographie, ni l'arithmétique, rien, seulement à lire la Thora et le Talmud), le dernier mur de l'enceinte du Temple s'écroulera à Jérusalem, la Thora se desséchera dans son armoire et le Messie retardera sa venue.

Attendent-ils donc encore le Messie ? Oui ! C'est pourquoi le reste leur est égal. Riez-leur au nez, parquez-les dans des wagons spéciaux, refusez-leur la possession de la terre, mais ne touchez ni au samedi, ni à la Thora, ni à leurs boucles, car le Seigneur a dit : « Gardez mes jours de sabbat et tremblez devant mon sanctuaire. Ne vous coupez pas les cheveux en rond et ne rasez pas votre barbe. »

Le miracle n'est pas une affaire de kilomètres. Les deux rabbins sorciers qui opèrent en Russie sud-carpathique habitent la Roumanie, l'un à Vichnitz, l'autre à Sziget. La guerre d'influence qu'ils se livrent ici est truculente. Pour chacun d'eux, l'autre n'est qu'un charlatan. Ils cherchent à se démolir à coups de fausses prophéties.

On apprend un matin, dans les Carpathes, que le rabbin de Sziget a prédit que la neige, tel jour, à telle heure, ne recouvrirait plus la terre ou que le *dibbouck* (âme tourmentée d'un mort) se réincarnerait dans tel personnage. Les partisans du rabbin de Vichnitz lancent ces bruits. Comme rien ne se réalise, la sainteté de l'homme de Sziget est légèrement compromise. Les manœuvres dépassent le spirituel. Les adeptes de Sziget versent du pétrole dans les puits des croyants de Vichnitz. Ceux de Vichnitz bouleversent les potagers de ceux de Sziget. Du sable miraculeux de Sziget pénètre les sacs de maïs de Vichnitz...

Il s'accomplit bien d'autres prodiges !

La loi de la Thora interdit à ces croyants de faire régler leurs affaires par les mécréants. Dans ces communautés, le rabbin est juge autant que prêtre. Je parle des rabbins familiers. Les Wunderrabbi sont trop occupés avec le prophète Élie pour s'intéresser à des affaires de bottes ! Le Talmud est leur code ; le rabbin tranche en son nom. Tous les cas de droit civil passent par ses mains. S'il est un récalcitrant, on le dénonce publiquement, comme pécheur. Le samedi appelé à la synagogue, on l'anathématise. Regimbe-t-il ? Le rabbin monte à l'almémor et, devant la foule médiévale qui tremble de peur et de compassion, le prêtre du Talmud, du haut de son kiosque, se met à tonner et, de sa voix de jugement dernier, il lance la formule d'excommunication. Autour des cierges noircis en signe de deuil, les croyants disent les prières des mourants. Et dans le temple obscur, maintenant fanatisé, les Juifs, tous possédés par Jérémie, poussent de sauvages lamentations.

Le sort de l'insoumis est réglé. Personne ne lui adressera plus la parole.

Le rabbin est aussi médecin, vétérinaire, avocat-conseil, sage-femme, agent matrimonial. Il peut quelque chose pour le commerce et pour la femme stérile. C'est le grand féticheur d'Israël.

Il neige sur Mukacevo. La nuit approche. Le froid me poussait dans ma chambre. À peine étais-je entré que je ressortais : ces Juifs étaient trop beaux à voir ! D'autant plus qu'ils devenaient plus extraordinaires que jamais. Maintenant, ils promenaient sur leur tête un chapeau non pareil, une grande galette de velours noir bordée de queues de lapins. Le couvre-chef faisait du tort au reste de l'habillement. On ne voyait que lui. Le caftan de velours n'était cependant pas mal, non plus ! C'était la tenue de sabbat.

Ils ne marchaient plus à grandes enjambées. De la première étoile du vendredi à la première étoile du samedi, toutes affaires cèdent la place à Dieu. Il est interdit à Israël de voyager, de monter dans un véhicule, de porter des fardeaux, de fumer, même de courir. Les blancs paysans ruthéniens pourraient convoyer des chars de bois, les hommes noirs regarderaient le chargement de haut, à l'ombre de leur couronne de treize queues de lapins, le ventre probablement vide, mais l'esprit rempli du Seigneur.

D'où vient ce costume ? Pas de Jérusalem, assurément. Le lapin n'est pas de mode aux pays chauds. On entend dire que cet accoutrement était celui des marchands allemands aux environs du XIIIe siècle. En tout cas, pour un costume, c'est un costume.

C'est la nuit. Ces revenants hantent l'extraordinaire petite ville. Ombres extravagantes affectionnant les impasses, ils s'y faufilent comme le lièvre au gîte. Je piste deux de ces êtres humains. Ils s'engouffrent sous une voûte et pénètrent dans une espèce de ferme donnant sur un chemin de campagne. Je m'approche et regarde à travers le givre d'un carreau. Fantastique spectacle ! Autour de cinq bougies brûlant dans un chandelier à cinq branches, trente chapeaux de sabbat, c'est-à-dire trois cent quatre-vingt-dix queues de lapins, s'agitent frénétiquement, au son d'une mélopée qui sort de trente barbes. C'est une maison de prières. Un retardataire qui accourt me surprend au guet. Il en fait trois pas en arrière. Il n'ose plus entrer. Quel est cet étranger ? Le malheur est-il sur Mukacevo ? Il bondit dans la sainte ferme. La porte qu'il rudoie en bafouille ! Je m'éloigne de quelques pas. Les Juifs viennent sur le seuil et me regardent, l'angoisse aux yeux. Priez en paix, fils d'Abraham, l'étranger n'est pas méchant !

Où suis-je ? En quels pays des songes ? Et ceux-là, encore, leurs longues manches noires dépassant de loin le bout de leurs doigts ? Que font-ils ces fantômes fourrés, plantés aux coins des rues comme des épouvantails ? Peut-être sont-ils là pour épouvanter la neige ?

8

LES JUIFS SAUVAGES

Oui, où suis-je ? Territorialement, en Tchécoslovaquie. Les traités sont là pour le confirmer. Là, elle se bute contre les frontières hongroise, roumaine, polonaise. C'est la région des grandes forêts du versant sud des Carpathes. Les Marmaroches, pour tout dire.

Moralement parlant, le pays est beaucoup plus loin. Il n'est pas dans le XXe siècle. Tout juste vient-il de passer l'âge de la Genèse. Nous sommes à la deuxième période du monde, au temps de l'Exode. Le président Masaryk, qui, des premiers, vit dans le sionisme une goutte d'huile prophétique, sait très bien, lorsqu'il se rend à Mukacevo, à Ouzgorod, à Hust, que le gouverneur qui le reçoit n'est pas tout seul sur le quai de la gare. Un personnage immense, incommensurable accompagne le fonctionnaire. Il l'enveloppe tout entier de sa grande ombre. Sa taille domine les Carpathes, sa barbe balaie le sol et ses yeux enfoncés portent le long tourment d'un peuple : c'est Moïse ! Je voyage, à présent, avec deux Juifs sans barbe et sans papillotes. L'un est né à Vilna (Pologne), l'autre en Transylvanie. Mais ils sont sujets tchécoslovaques. Ils l'ont voulu. La Tchécoslovaquie est le seul pays qui reconnaisse aux Juifs le droit d'être des Juifs, comme les Slovènes sont des Slovènes, les Tchèques, des Tchèques. Ils prennent part à la vie nationale sans être obligés de s'assimiler. Si le ciel tchécoslovaque distribuait de la manne, les Marmaroches seraient une fausse Terre Promise, en attendant la vraie. Mais le ciel de ce pays est moins généreux que ses gouvernants. L'un de mes amis s'appelle Ben, l'autre, Salomon. Ce ne sont pas des orthodoxes. C'est-à-dire que, tout en respectant les saints livres, ils ne les mettent pas en pratique, qu'ils ont plus de confiance en la déclaration Balfour qu'en la venue du Messie et, d'autre part, que le rabbin ne leur apparaît pas l'incarnation indiscutable de la pensée divine. Du point de vue de Rome, ils seraient libres penseurs ; de celui de Jérusalem, ils sont sionistes. En aucun cas israélites. Dans le juif, ils ne voient que la race et la non la religion.

Ben et Salomon m'ont pris en charge à Mukacevo. Ils sont tous deux effroyablement intelligents. En supplément, ils parlent russe, tchèque, polonais, roumain, magyar, anglais, italien, espagnol, allemand, français, yiddisch et hébreu. Dans mon auberge, à Mukacevo, j'ai fait leur connaissance. Le chapeau sur la tête, le col du pardessus au ras des oreilles, trois chaussettes de laine bien en place dans chacune de mes bottes, je mangeais, un soir, sur une nappe jadis blanche, le pain amer de la solitude. Quelques Russes, dans un coin, ne buvaient même pas ! Ils jouaient aux dominos, silencieusement et ces bruits d'os évoquaient une danse de squelettes. Une femme, seule à table, un châle de laine sur les épaules, regardait obstinément le plafond, comme si le Saint-Esprit allait en descendre ! Deux autres hommes reniflaient un thé fumant. Toute cette petite famille était bien tranquille, quand un grand Ruthène, allongé encore par un haut bonnet d'astrakan gris, entra, portant dans le dos une espèce de cercueil d'enfant. Il posa sa boîte, l'ouvrit et en retira un perroquet. Il mit l'oiseau sur son avant-bras, prit une sébile dans une main et, de l'autre main, tourna la manivelle de son cercueil à musique. C'était l'un de ces troubadours de la neige si chers aux pays slaves, un joueur de *charmantka* ! Sa chanson moulue, il m'apporta le perroquet. La bête piqua du bec dans la sébile, saisit un bout de papier et le laissa choir dans mon assiette sans joie. C'était ma bonne aventure en petit-russien. L'homme-pain de sucre nous déroula une autre chanson. Cela fait, il me ramena la bête. Cinq minutes plus tard, il repassait le volatile sous mon nez. C'est alors que je lui dis :

– F... moi la paix avec ton perroquet !

Aussitôt je vis les oreilles des buveurs de thé se dresser dans ma direction. Leurs regards, au son du français, se frappèrent d'étonnement. Ils échangèrent quelques paroles. Puis l'un se leva, le rouquin, et, précédé d'un sourire contenu, il me demanda si je venais de Paris.

– J'en viens ! répondis-je.

Il fit signe à l'autre, un brun. Ils s'excusèrent de

la curiosité qui les animait, mais ils n'avaient rencontré qu'un autre Français à Mukacevo, M. André Spire !

— Il y a bien des perroquets, dis-je, pourquoi n'y verrait-on pas de Français ?

Ils me répondirent que les perroquets n'étaient pas rares ici. Des gaillards qui cherchent à vous faire croire que les perroquets vivent dans les Carpathes ne sont pas à négliger. Je les priai de s'asseoir.

— Je viens voir les Juifs, leur dis-je.

— Moi, je m'appelle Ben, fit le roux et mon ami, Salomon !

— Alors, *Chalom* !

Ils répondirent :

— *Chalom* !

Je voulus savoir pourquoi ils n'avaient point de papillotes. Ils me demandèrent si les Juifs de France en portaient.

Je m'informai de leur profession. Ben était entraîneur électoral et Salomon agent d'assurances. Sans doute assurait-il la virginité des barbes et les queues de lapin des chapeaux ? Ils s'accoudèrent à la table et me dirent que tout ce que j'avais vu à Mukacevo n'était rien. Il fallait parcourir la montagne, où les Juifs sauvages étaient nichés. Mes yeux en resteraient épouvantés. C'était le pays de la faim.

Le lendemain, une auto s'enfonçait dans les Marmaroches, Ben et Salomon étaient à mes côtés. De Mukacevo, nous avions gagné Batu ; de Batu, touché Hust. Maintenant, nous montions vers... vers...

— Où allons-nous, Ben ?

— D'abord, à Bouchtina.

Le pays était momifié par l'hiver. La neige étouffait tout. La route glacée craquait sous les chaînes de fer entourant nos roues. Nous vîmes d'abord un groupe de Ruthéniens, pantalon collant et boléro, tous deux de laine blanche. Ils chantaient en marchant. Leurs bonnets pointus de peau de mouton faisaient qu'ils ressemblaient à des cierges coiffés d'un éteignoir. Un peu plus loin, un dos noir, courbé, tranchant sur la neige : un Juif. Noirs et blancs, comme au jeu de dames, pour ne pas confondre les pions !

Bouchtina, premier nid. Nous avions laissé la voiture. Nous marchions vers des cabanes mal groupées. C'était un camp plutôt qu'un village. Pas un étage ; des cabanes, le toit en pente. Les Juifs surgirent. Les mains dans leurs manches, tous avaient l'air de serrer un tuyau de poêle contre leur poitrine. Nous arrêtions-nous ? Ils nous entouraient comme si nous avions été un brasero, puis soudain ils se dispersaient, craignant sans doute d'être brûlés.

La plus folle collection de têtes que des épaules eussent jamais portées ! Des Neptunes, des patriarches, des Rembrandts, des boucs, de jeunes et de vieux vautours, des chevaux à barbe, des Raphaëls ! Quelques-unes de ces têtes semblant sortir des nuages, quelques autres d'une boîte à diable ! Du Paradis terrestre au Jardin d'acclimatation !...

– La maison du rabbin ? demanda Salomon.

Nous précédant, mais à distance, ils nous firent signe de les suivre.

Un pan du toit de la maison du rabbin était parti au gré du vent. Nous entrâmes dans une étable : deux moutons, deux petits enfants, cinq plus grands portant déjà des papillotes, une femme-squelette, un oiseau noir, sans cage, grelottant sur le dossier d'une chaise.

Le rabbin était absent, parti pour la Roumanie... mendier ! La misère de ces nids est telle que, pour mendier, les affamés doivent aller à cent kilomètres. Sur place, on ne mendie pas : tout le monde serait mendiant. Personne n'a un liard de plus que son voisin, lequel n'a rien. C'est la misère égalitaire. Ils vivent d'elle comme d'un héritage ancestral, l'âme sans remords, l'esprit tranquille. La succession ne leur sera pas contestée. Le testament d'Israël est légal !

La femme, pendue au manteau de Ben, gémissait en yiddisch.

– Que dit-elle ?
– Elle dit qu'elle a le mal de faim.

Elle nous montra des fruits maigres, en décortiqua un : pour un quart de chair, trois quarts de noyau. Plus de maïs dans le pays. Si le rabbin ne rentrait pas demain, pas de pain blanc pour le sabbat. Vingt degrés de froid dans l'étable. Les enfants en bas âge vêtus seulement d'une chemise. L'oiseau, lui, avait au moins des plumes ! Les deux plus grands étaient groupés non autour d'un poêle : autour d'un livre. Les plaintes de la mère ne les arrachaient pas à leur lecture. Pour moins grelotter de froid, ils grelottaient de piété sur le Talmud. Sous un coup de doigt, l'un d'eux releva sa tête bouclée. Tandis que ses yeux me regardaient, ses lèvres mâchaient toujours les saintes paroles. Dédaignant mon apparition, il repiqua du nez dans son hébreu. Un vieillard ; debout devant la fenêtre, psalmodiait dans un autre Talmud. Le froid, la faim, la lumière qui s'éteint, l'invasion de trois étrangers, rien ne trouble un Juif en contact avec Dieu. Les supplications humaines de la femme se heurtaient aux voix extra-terrestres des enfants et du vieillard.

On entra dans une vingtaine de ces cabanes. Partout des enfants en chemise, des lecteurs de Talmud, des femmes en larmes, des barbes inspirées et de ces fruits sauvages n'ayant que la peau sur l'os. Et l'odeur ? Une odeur de cadavre moisi, macéré dans un jus d'oignon. Et l'atmosphère ? Aucune de ces baraques n'a de cheminée. C'est le système des isbas russes. La fumée du four se répand dans le réduit, les yeux vous piquent, la gorge est irritée. Quelle famine ! Et j'ai trouvé pourquoi les lévites de ces Juifs sont ainsi délavées, c'est parce qu'ils doivent les faire bouillir dans leur pot au feu les jours de grand-faim !

Pas de mobilier ! Trois planches de bois font un lit, le mur de l'isba constitue le quatrième côté. Comme plancher, la boue.

L'une de nos visites fut plus tragique que les autres. La femme était sur le grabat, quatre enfants couchés autour d'elle. Le Juif, en nous voyant entrer, eut un geste de bénédiction, il me prit pour le médecin, un médecin venant d'Hust ou même du ciel.

– Il veut, me dit Ben, que vous sauviez sa femme qui va mourir.

En effet, elle avait l'air de la mort. Comme je ne bougeais pas, le Juif me tira par la manche pour me conduire au grabat.

– Faites semblant, dit Ben, ce sera charitable.

Je n'avais jamais imaginé une pareille couche. Enfants et malade pourrissaient sur ce fumier. Je me mis à rêver, amèrement, et mes yeux parcoururent la niche : deux clous plantés sur une table représentaient le gagne-pain de cette famille. Le père était relieur de Talmud. C'était là son atelier. Dans les bons mois, il gagnait quinze couronnes, douze francs ! Deux autres enfants, tassés dans un angle et que nous n'avions pas vus encore, la figure encadrée de leurs papillotes, regardaient avec leurs beaux yeux le monsieur qui venait sauver maman !

On se rendit à la synagogue. La Thora, la Fiancée Couronnée, n'était pas mieux logée que ses adorateurs. Les Juifs qui n'avaient cessé de nous suivre emplirent la pauvre et sainte baraque. Tous nous entourèrent. Les deux bourgeois du lieu : un meunier, un patron scieur de long, eux sans papillotes et vêtus à l'européenne, vinrent nous saluer au nom de la communauté.

– Ils croient, nous dirent-ils, que vous leur apportez de l'argent.

– Ils souffrent tous de la faim, dis-je.

– Ils ont toujours souffert de la faim.

– Comment ne meurent-ils pas ?

– Israël est dur !

– Alors, qu'ils aillent plus loin !

– C'est plus terrible encore.

– Qu'ils gagnent les villes !

– Dans cette tenue ? avec ces habits ? sans un sou ? La misère les cloue ici.

– Et la Palestine ?

– Le Messie n'est pas encore venu.

– Franchement, l'attendent-ils ?

– Mais oui, monsieur, nous l'attendons !

Les bavardages cessèrent. On étouffa le feu des cigarettes. Un chanteur entonna un verset sacré. Le regard extasié de ces Juifs creux monta vers l'armoire à Thora. Qu'importait la misère ou logis ? Le trésor était là !

9

J'AI RENCONTRÉ LE JUIF ERRANT

J'ai rencontré le Juif errant. Il marchait dans les Carpathes, peu après le village de Volchovetz. Ses bottes étant trouées, on voyait que ses chaussettes l'étaient aussi. Un caftan bien pris à la taille l'habillait du cou aux chevilles. Sur sa chevelure noire, un chapeau large et plat d'où s'échappaient deux papillotes soignées achevait la silhouette légendaire. Une étoffe à carreaux formant double besace, dont l'une battait son ventre, l'autre son dos, pendait de son épaule gauche. Il allait à grandes enjambées, marquant son chemin dans la neige.

On fit arrêter la voiture. Puis on approcha de lui. Devant notre menace, il allongea le pas. Ben l'appela. Il ne voulut pas entendre. On le rattrapa. Un regard effarouché anima son visage. C'était lui, Ahasvérus. Ses chaussures n'étaient pas encore trop usées depuis dix-neuf cents ans ! L'émotion me transportait.

– Dis-moi où tu vas, d'où tu viens. Es-tu fatigué ? Montre tes cinq sous !

— Il dit qu'il va à Novo-Selitza, fit Salomon. — Et après ? — Qu'il ira à Ganitz. — Et après ? — Il ira en Roumanie — Et après ? — Il dit que chaque année il passe *Yom-Kipour* (les jours de pénitence) chez le zadick (le rabbin miraculeux) de Vichnitz. — Il est tout seul ? — Non, il est marié, il a cinq enfants. — Ses enfants sont-ils de petits juifs errants ? — Ils sont avec leur mère, dans sa cabane, à la frontière tchéco-roumaine. — Dites-lui qu'il monte dans la voiture. Nous le conduirons à Novo-Selitza. — Il ne veut pas. — Pourquoi ? — Il a peur. — Il n'est jamais monté dans une auto ? — Non !

— Viens avec nous, Juif errant, nous n'irons pas vite. Tu me raconteras ton histoire. Je suis si content de t'avoir rencontré. Tu as une belle tête, l'intelligence vit dans tes yeux, enfin, c'est toi ! Viens, je te donnerai des chaussettes !

On l'embarqua. Nous filions maintenant, tous quatre, dans les Marmaroches. On inventoria ses besaces. L'une des poches était son magasin, l'autre son garde-manger. Dans la première, une vingtaine de crayons, trois douzaines de chandelles, deux paires de ciseaux, un calendrier et du tabac de mégots. Dans la seconde, dix oignons, deux harengs frigorifiés, un morceau de pain blanc plié dans du papier (le pain du sabbat), un petit tas de prunes sauvages.

Il avait quitté sa cabane depuis neuf jours, allant de villages juifs en villages juifs. Il nous dit s'être mis en route sur un faux renseignement, croyant que des aumônes d'Amérique étaient arrivées dans la région. D'abord, il en aurait eu sa part, ensuite, il eût liquidé son bazar. Il continuait tout de même. N'était-il pas un bon juif ? Quelle faute lui reprocher contre l'Éternel ? Ses prières ne montaient-elles pas chaque jour jusqu'à son trône ? Le Seigneur pouvait-il ne pas avoir l'œil sur lui ?

Il était né à Cluj, en Transylvanie. Les pogromes de 1927 l'en avaient chassé. Battu par les étudiants roumains, sa maison brûlée, la Thora souillée en place publique, il avait fui. À Cluj, il était marchand sur les marchés. Maintenant...

Je dois souligner ici combien je trouvais sensationnel de posséder le Juif errant dans mon automobile. Réellement, c'était lui. Avant l'invention de la photographie, je n'eusse pas osé vous l'affirmer aussi fort. Vous auriez pu accuser soit mon imagination, soit ma désinvolture à votre égard. Mais le voici. Vous le verrez comme moi. Je l'ai pris sur le vif, malgré lui, en traître, au village de Ganitz, dans les montagnes des Marmaroches, sur le versant sud des Carpathes, cet hiver, par grand froid et près des loups.

Il s'appelait Schwartzbard, du nom du client de Torrès, de celui qui abattit Pan Petlioura, rue Racine, à Paris, parce que Petlioura avait présidé au massacre de cent cinquante mille Juifs, l'année 1919, dans les steppes de l'Ukraine.

En apercevant le Juif éternel sur la piste de neige, je ne pensais pas qu'il vendait des crayons et des bougies, mais qu'il marchait vers Jérusalem. Je le lui fis dire. Il me prit aussitôt pour un *haloutz*, un pionnier, un ouvrier de Palestine, c'est-à-dire pour un mécréant, un contempteur des prophéties. Il répondit qu'il aimait et craignait Dieu. Je le remis sur Jérusalem. Il répondit que les temps n'étaient pas encore venus. Je lui demandai d'où il tenait sa certitude. Il répondit du zadick. – Et d'où le zadick tenait-il la sienne ? – Il répondit que le zadick de Vichnitz parlait à Dieu ainsi qu'au prophète Élie et que, l'heure du retour ayant sonné, l'un ou l'autre ne manquerait certainement pas de le faire savoir au zadick.

Ben et Salomon s'échauffaient contre ces rabbins miraculeux. Ils me prenaient à témoin qu'ils étaient les responsables de tant de ténèbres. Savez-vous que des Marmaroches à la Galicie, de la Transylvanie à la Bessarabie, de la Bukovine à l'Ukraine, de Varsovie à Vilna, ils sont plus de six millions dans cet état physique et moral ? Tenez ! Voilà ce qu'ils font des Juifs :

Solitaires, n'ayant même plus de caftan, recouverts de nippes, dons des villes, ou de vieux châles, comme de vieilles femmes, des Juifs descendaient, transis, des pentes de la montagne, un petit paquet sous le bras ou à la main. Que font-ils ? Où vont-ils ? Pourquoi sont-ils toujours sur les routes ? Les Ruthéniens que l'on voit sont autour de leur maison. Ils n'ont pas le baluchon du chemineau ni le bâton du pèlerin. Enracinés, ils poussent au-dessus de leurs racines. Les Juifs ont leurs racines à la tête. Elles s'échappent sous le nom de chevelure de leurs chapeaux, de leurs bonnets. Est-ce pour cette raison qu'ils s'accrochent au ciel et non à la terre ?

– Où vas-tu, toi ?

On avait arrêté le porteur de châle. Lui, comme les autres, ne parlait que yiddisch. Il allait au village voisin. « Pourquoi faire ? – Pour y coucher. – Après ? – Il irait à Hust. – Pourquoi faire ? – Pour y coucher. Après il irait à Mukacevo pour y voir le rabbin Zangwitch et lui demander de prier pour deux de ses affaires ! – Que fait-il ? – Sans profession ! »

Je voulus savoir si le rabbin Zangwitch était miraculeux.

– Même pas ! fit Ben en frappant la glace d'une semelle indignée.

– Hep ! cria Salomon.

Celui-là était plus âgé. Ses manches lui servant de manchon, son petit paquet pendait de l'un de ses poignets et lui battait le ventre.

– Où vas-tu ? – Je quitte le village – Pourquoi ? – Il n'y a plus rien à manger. – Que fais-tu ? – Je suis professeur de religion. – Va dans les villes, à Kosische, par exemple, tu trouveras des élèves. – Mon costume me l'interdit. Quand les agents de police nous voient, ils nous disent : « Que faites-vous là ? Remontez chez vous. » – Alors, tu ne sais pas où tu vas ? – Je demanderai conseil au rabbin de Bouchtina.

Que les campagnes soient peuplées de paysans, quoi de mieux ? mais celles-ci étaient hantées de figures inspirées. On croisait – du moins l'aurait-on cru – de vrais étudiants dont seule la pauvreté eût interrompu les études. Têtes de vieux philosophes, de jeunes poètes, de visionnaires maudits mais conscients.

La détresse ne se manifestait bruyamment que par la langue des femmes. Dans chaque village les malheureuses entouraient la voiture. Elles nous tiraient par les vêtements, et, barbouillées de larmes, débitaient des litanies de malheur. Nous devions visiter chacune de leurs *stubes*. Elles nous montraient les toits ouverts, la boue intérieure, leurs quatre, cinq, six enfants qui grelottaient, les prunes séchées dans le récipient, le grand-père, enveloppé de loques et geignant sur le poêle, les petites filles qui ne grandissaient pas à cause des privations, les idiots riant sur le fumier, les bébés vêtus d'une chemise et *pieds nus sur la glace.*

Les mères entrouvraient leurs châles pour exhiber leurs mamelles sans lait et leurs côtes sans chair. Le Juif de celle-ci avait tenté deux fois de descendre dans les villes pour gagner du pain, deux fois il était tombé sur la route, épuisé. Il était muet de désespoir. L'odeur dans ces baraques était é-pou-van-ta-ble. Je n'y pouvais demeurer que mordant mon mouchoir à pleines dents. Et l'on dit riche comme Rothschild !

Depuis dix ans, la misère, ici, a décuplé. Avant les derniers traités de paix, ces Juifs allaient chaque été travailler trois mois dans la fameuse plaine hongroise. La frontière a séparé la plaine de la montagne. Les Hongrois refusent le passeport à leurs anciens sujets devenus sujets tchécoslovaques. Trois mois de gains suffisaient à ces Juifs pour vivre le reste de l'année. Toute l'année, maintenant, est suspendue aux maigres fruits des arbres des Carpathes !

La terre ? La terre est mauvaise et appartient aux Ruthéniens. Ils la possèdent de moitié avec la neige (six mois eux, six mois la neige). Le Juif n'a que sa barbe, ses papillotes, quelques chars de bois à convoyer et le rabbin.

Voulez-vous connaître le pouvoir du rabbin ? Ben me conduit au bout du village. Une cabane est perdue dans la neige. On pousse la porte. Le lieu est vide. Un grabat. L'homme que nous cherchons doit être en train de marcher comme tous les autres. Mais voici son histoire. Il a tué son frère. Les tribunaux tchécoslovaques l'ont jugé légalement. Il a fait trois ans de prison. La peine subie, il est revenu au village. Alors, la justice du rabbin se leva. Devant la communauté réunie à la synagogue, l'anathème tomba sur la tête du coupable. Le rabbin le condamna à quinze ans de solitude. Depuis, il habite ici, loin de la dernière maison. Il y a de cela cinq années. Personne ne lui adresse plus la parole. Quand les Juifs le rencontrent, ils se détournent. Ben dit qu'il a l'air d'un chien tendant le museau à tout le monde pour se faire délivrer de la muselière.

Le Juif errant n'était pas l'ennemi de la locomotion à essence. Il ne descendit pas une fois de la voiture. À Ternovo, où nous restâmes quatre heures, il demeura quatre heures sur le coussin.

— Ben, demandez-lui ce qu'il peut vendre dans ces pays ? Personne ne possède un liard.

— Il dit qu'un bon Juif n'est pas forcé de vendre, mais qu'il doit s'arrêter le vendredi à la première étoile, et ne jamais offenser Dieu.

Ah ! saintes Marmaroches !

Nous arrivions à Ganitch. Salomon et Ben m'assurèrent qu'il fallait rendre visite au notaire. Au notaire ? L'ambiance manquait pour goûter l'humour. Ils me montrèrent une plaque sur la seule maison qui ressemblât à une maison. Un notaire dans les Marmaroches ? La vue d'un pêcheur guettant le frémissement de son bouchon dans un tonneau de harengs saurs eût touché mon esprit d'un moindre étonnement.

L'homme qui nous reçut avait belle allure. Il portait papillotes et barbe, mais papillotes discrètes et barbe disciplinée. Il était habillé de noir, mais comme un homme et non comme un gueux. Visage pâle, mais corps solide. Il était bien le seul homme de ces montagnes dont le coffre n'eût pas sonné creux. Notaire ? Oui et non. Il l'avait été à Bratislava. Puis, un jour, il avait traversé les Marmaroches. Son cœur de juif s'était fendu. Il n'était certes pas assez riche pour désensorceler ce pays de sa misère, mais il se consacrerait à la rendre moins farouche. Depuis, il habitait là. Il recevait les aumônes des comités américains et les distribuait. Je me trouvais en face du saint Vincent de Paul des monts Carpathes : M. Rosenfeld.

– Venez voir, me dit-il, en jetant une peau de bête sur son dos. C'est la détresse la plus inimaginable !

– J'ai vu, fis-je.

Il m'assura que je n'avais pas tout vu. On sortit. Il me montra une cabane comme les autres cabanes.

– Combien croyez-vous que vivent de personnes là-dedans ?

– Trois.

– Dix-sept, formant trois familles. Entrez !

Treize étaient présentes. Trois lits ! Vous entendez bien que ces lits sont de répugnantes niches. Aucun chien d'Occident n'y voudrait passer une heure. Les enfants y grouillent comme une portée de chiots. Les femmes se cramponnaient après Rosenfeld, poussant de déchirants cris de détresse. Elles disaient que le froid et la faim les déchiraient.

– Ces misérables gens m'aiment beaucoup, fit le notaire, eh bien ! si je leur donnais un de mes bras, ils le feraient bouillir pour le manger, tellement grande est leur faim !

Nous étions sortis de la niche humaine. Rosenfeld, d'un geste, me désignant toute la montagne : — C'est partout pareil, dit-il, et même pire ! Ils sont plus de cent vingt mille dans cet état ! Rien à faire, rien ! Ils ne peuvent s'en aller, ils ne parlent que yiddisch, et vous savez bien que la langue est la véritable frontière !

Nous avons déposé le Juif errant à Novo-Selitza. Auparavant, sur notre demande, il avait tiré sa fortune de la poche de son caftan : une couronne quarante, cinq sous or, exactement ! Maintenant, il gravissait une côte toute blanche. Je le suivis longtemps des yeux. Le dos courbé, sa double besace à cheval sur sa maigre épaule, solitaire, il reprenait son chemin, aimant et craignant Dieu.

10

LE SPECTRE

Maintenant, un spectre nous barre la route. Il n'est pas blanc, il est rouge. Il rôde sur la Transylvanie, sur la Bessarabie, sur l'Ukraine. On ne comprendrait pas sans lui le regard inquiet des Juifs de cette Europe, leur attitude peureuse, leur dos courbé, leur amour des impasses ; ni pourquoi, dans les rues, ils longent les murs et parlent bas, ni leur craintive et vigilante curiosité. Au moindre événement, ils ont les réactions d'un criminel qui entend frapper à sa porte. Tous, en effet, dans ces pays-là, se sentent lourds d'un crime : celui d'être juif.

Le spectre s'appelle pogrome.

Il n'est pas terriblement vieux. Depuis le massacre de Chmielnicki, les Juifs avaient été battus plutôt qu'assassinés. Le pogrome moderne est né en Russie, sur le trône d'Alexandre III, au cours de l'année 1881.

On ne sut pas tout d'abord comment il était fait. Son nom n'avait aucune notoriété. Il se promena, pour ses débuts, avec la tranquillité d'un inconnu. La terre n'était pas aussi petite qu'aujourd'hui. On n'entendait pas, au coin de son feu, la voix du monde sortir d'une boîte d'acajou. Les morts, depuis longtemps, étaient enterrés quand l'odeur du pogrome arrivait aux frontières.

Un pogrome est une espèce de rage. Elle n'atteint pas les animaux, mais seulement les hommes et, en particulier, les militaires et les étudiants. Qui la leur communique ? On croit, jusqu'à présent, que ce sont les gouvernements. Les gouvernements qui regardent vers l'ouest ne sont pas atteints par ce virus. Ceux qui regardent vers l'est l'ont dans le sang.

Les enragés ne mordent pas chacun. Les Juifs, uniquement, leur portent aux dents. La vue du caftan, des barbes et des papillotes les électrise.

Les pogromes ont leur date ainsi que les guerres. Les premiers sont de 1881-1882. Ils commencèrent au nombre de sept cents. Un pogrome est comme un incendie de forêt : le premier arbre qui flambe allume tous les autres. Il se répandit d'un coup sur vingt-huit provinces de l'ancienne Russie. Puis il faut arriver en 1903, au premier pogrome qui porte un nom : le pogrome de Kichinev (Bessarabie). Après ce fut 1905. Puis le grand pogrome : 1918-1920, en Ukraine et Galicie orientale. Puis, décembre 1927, en Roumanie.

Trois chiffres d'abord pour mieux éclairer vos esprits :

Plus de 150 000 tués.

Plus de 300 000 blessés.

Plus d'un million de battus et pillés, rien que

pour l'Ukraine et la Galicie dans les années 1918 et 1919.

Quand on les étudie de près, on remarque que les pogromes se présentent sous trois formes : la forme non sanglante, la forme sanglante, la forme cruelle et sadique.

Celui du 4 décembre 1927 en Roumanie est le type du pogrome non sanglant.

Depuis que les derniers traités ont incorporé à la Roumanie des territoires habités par des Juifs, la jeunesse intellectuelle roumaine est travaillée par l'antisémitisme. De 1922 à 1927, les étudiants ne laissèrent passer une année sans manifester leur opinion : attaque de la maison des étudiants juifs de Transylvanie, sac des synagogues, des journaux et des cimetières juifs, défénestration des Juifs trouvés dans les trains, bris des vitres et enseignes des maisons juives. Assassinat fin 1926, à Cernauti, de l'étudiant juif Falik par l'étudiant roumain Totu. Motif : l'un était Roumain, l'autre était Juif !

En décembre 1927, les étudiants de toutes les universités de la Roumanie décident de tenir leur congrès dans la ville d'Oradea-Mare (Transylvanie). Oradea-Mare est habitée par des Juifs. L'ordre du jour du congrès est : guerre aux Juifs.

Un général, ancien ministre, un docteur renommé ouvrent les débats et chauffent les étudiants.

Le sang de la jeunesse est prompt. Les étudiants n'attendent pas d'être dans la rue. Ils ont dans la salle un Juif sous la main, Alexander Flescher, un journaliste qui fait son métier à la table de la presse. C'est une aubaine. Ils l'assomment.

Puis ils gagnent les rues. Ils sont cinq mille. Par groupes de vingt-cinq à trente, ils envahissent la ville. Les Juifs trouvés dans les tramways sont jetés à terre, le tram en marche. Tout passant, même celui qui n'a ni l'habit ni la barbe, mais un peu d'Israël au milieu du visage, est rossé. Ils visitent les cafés, les restaurants, et vident à coups de botte les consommateurs non chrétiens. Des équipes, armées de marteaux et de gourdins, défoncent les vitrines des magasins juifs. Logés chez les habitants, c'est-à-dire chez les Juifs, ils poussent leurs hôtes hors de chez eux. Enfin la ruée vers les synagogues. Tout est brisé à coups de hache. Ils s'emparent des livres saints et des « fiancées couronnées ». Ils les déchirent, les marquent d'ignominie, les transportent triomphalement sur les places publiques, y mettent le feu et dansent autour de l'incendie en bénissant les flammes. La police, les gendarmes montés veillent sur les saturnales.

Le congrès terminé, les étudiants s'arrêtent à Cluj, à Ciucca, à Hucdin, à Tirg-Ocna. Partout la fête recommence. C'est ce que l'on appelle un pogrome modéré. Et vive la Roumanie !

DANS LA DEUXIÈME forme des pogromes, on tue, on lynche. Prenons les années 1918-1919. À Kiev, les soldats des bandes ukrainiennes arrêtent les Juifs dans les rues, les dévalisent et les fusillent. Pendant dix jours, les soldats de la mer Noire campent à la gare de Bobriuskaïa, ceux du régiment de Petlioura à la gare de Sorny, les cosaques ukrainiens aux gares de Fostov, de Poste-Volinski, de Romoday, de Kazatine, de Datchnaie, de Bakhmatch... Les Juifs trouvés dans les wagons sont déshabillés, battus et tués. À Bakhmatch, le sang inonde les quais.

À Berditchev, le 4 janvier 1919, la compagnie de la mort débarque. Les Juifs rencontrés à la gare sont tués. La compagnie gagne la ville. Les vieillards sont cinglés à coups de cravache. L'incertitude peut régner devant les enfants : le type, souvent, n'est pas très accusé ; les compagnons de la mort demandent : « Youpin ou non ? » Le Juif est abattu. Toutes les maisons sont envahies. Les Juifs sont conduits dans la rue, contraints de crier : « Mort aux youpins ! » et fusillés.

De Berditchev, les compagnons gagnent Jitomir. Mêmes noces. De Jitomir, raid sur Ovroutch. L'ataman Kozyr Zyrko convoque les Juifs à la gare. Les cosaques les accompagnent à coups de nagaïka et leur font chanter : *Majofès,* le saint et vieux chant du sabbat. Le cortège arrive en vue de la gare ; Kozyr Zyrko fait tirer dedans, dans le chant et dans la chair à obus fusants. Et vive Kozyr Zyrko !

Le sang est un mauvais alcool pour les sauvages. Les sauvages ne sont pas tous en Afrique ou dans le Pacifique. Il n'est pas indispensable, pour être sauvage, de vivre nu. Les nôtres, les sauvages européens, soldats des bandes d'Ukraine, étaient bottés, vêtus et décorés.

Nous arrivons à la phase cruelle et sadique.

journaliste qui fait son métier à la table de la presse. C'est une aubaine. Ils l'assomment.

Puis ils gagnent les rues. Ils sont cinq mille. Par groupes de vingt-cinq à trente, ils envahissent la ville. Les Juifs trouvés dans les tramways sont jetés à terre, le tram en marche. Tout passant, même celui qui n'a ni l'habit ni la barbe, mais un peu d'Israël au milieu du visage, est rossé. Ils visitent les cafés, les restaurants, et vident à coups de botte les consommateurs non chrétiens. Des équipes, armées de marteaux et de gourdins, défoncent les vitrines des magasins juifs. Logés chez les habitants, c'est-à-dire chez les Juifs, ils poussent leurs hôtes hors de chez eux. Enfin la ruée vers les synagogues. Tout est brisé à coups de hache. Ils s'emparent des livres saints et des « fiancées couronnées ». Ils les déchirent, les marquent d'ignominie, les transportent triomphalement sur les places publiques, y mettent le feu et dansent autour de l'incendie en bénissant les flammes. La police, les gendarmes montés veillent sur les saturnales.

Le congrès terminé, les étudiants s'arrêtent à Cluj, à Ciucca, à Hucdin, à Tirg-Ocna. Partout la fête recommence. C'est ce que l'on appelle un pogrome modéré. Et vive la Roumanie !

DANS LA DEUXIÈME forme des pogromes, on tue, on lynche. Prenons les années 1918-1919. À Kiev, les soldats des bandes ukrainiennes arrêtent les Juifs dans les rues, les dévalisent et les fusillent. Pendant dix jours, les soldats de la mer Noire campent à la gare de Bobriuskaïa, ceux du régiment de Petlioura à la gare de Sorny, les cosaques ukrainiens aux gares de Fostov, de Poste-Volinski, de Romoday, de Kazatine, de Datchnaie, de Bakhmatch... Les Juifs trouvés dans les wagons sont déshabillés, battus et tués. À Bakhmatch, le sang inonde les quais.

À Berditchev, le 4 janvier 1919, la compagnie de la mort débarque. Les Juifs rencontrés à la gare sont tués. La compagnie gagne la ville. Les vieillards sont cinglés à coups de cravache. L'incertitude peut régner devant les enfants : le type, souvent, n'est pas très accusé ; les compagnons de la mort demandent : « Youpin ou non ? » Le Juif est abattu. Toutes les maisons sont envahies. Les Juifs sont conduits dans la rue, contraints de crier : « Mort aux youpins ! » et fusillés.

De Berditchev, les compagnons gagnent Jitomir. Mêmes noces. De Jitomir, raid sur Ovroutch. L'ataman Kozyr Zyrko convoque les Juifs à la gare. Les cosaques les accompagnent à coups de nagaïka et leur font chanter : *Majofès,* le saint et vieux chant du sabbat. Le cortège arrive en vue de la gare ; Kozyr Zyrko fait tirer dedans, dans le chant et dans la chair à obus fusants. Et vive Kozyr Zyrko !

Le sang est un mauvais alcool pour les sauvages. Les sauvages ne sont pas tous en Afrique ou dans le Pacifique. Il n'est pas indispensable, pour être sauvage, de vivre nu. Les nôtres, les sauvages européens, soldats des bandes d'Ukraine, étaient bottés, vêtus et décorés.

Nous arrivons à la phase cruelle et sadique.

Là, à Ovroutch, peu de chose. On oblige les Juifs à se fouetter les uns les autres, puis l'auteur de la fessée à baiser l'endroit meurtri. Mais passons à Proskourov : les tueries étaient, jusqu'à présent, suivies de pillages. On voyait même souvent les paysans qui, eux, ne participaient pas à la fête de sang, accourir avec des paniers et des hottes au son du massacre pour récolter les restes des cosaques. L'affaire de Proskourov revêt un caractère sacré. La tuerie ne serait pas la préparation au pillage. On tuerait sans intérêt, par devoir. L'ataman Semossenko le fait jurer à ses compagnons, sur l'étendard : les mains dans le sang mais propres !

Et la compagnie, *musique en tête, ambulance en queue, se met en marche*. Elle traverse Proskourov, arrive au ghetto et commence le travail. La pureté des intentions exige que l'on opère à l'arme blanche. Par groupes d'une quinzaine d'hommes, ils entrent dans les maisons et, des magasins aux étages, sans perdre leur temps dans les escaliers, ils embrochent à la baïonnette tous les Juifs rencontrés. Les cosaques ne tirent que lorsque les Juifs, mal tués, arrivent à s'échapper. Tout est fouillé, jusqu'aux berceaux ! À ceux qui offrent de l'argent pour éloigner la mort, ils répondent : « Nous n'en voulons qu'à votre vie. » Un prêtre, crucifix en mains, sort d'une église et les supplie, au nom du Christ, d'arrêter le massacre. Ils tuent le prêtre. On attache les enfants sur le cadavre chaud des pères. Au moment du viol, on mélange dans la même furie les mères et les filles. Quinze cents tués entre trois et six heures de l'après-midi.

À Felchtine, à Chargorod, à Pestchanka, les cosaques sont encore plus cosaques. Ils coupent les langues, crèvent les yeux. Ils forcent les mères à leur présenter leurs enfants à bout de bras et décapitent la petite victime. On déshabille les hommes, on les unit par la main, on leur ordonne de chanter, de danser, puis : « Feu ! »

À Bratslav, on pend les Juifs par les mains, on taille leur chair à coups de sabre. Les morceaux qui tombent, on les fait cuire. On joue aux boules avec les têtes.

Les mères s'offraient pour sauver leurs enfants. Les cosaques répondaient : « Il faut tuer les youpins dans l'œuf. » Et ils éventraient les anges ! On attachait des hommes, des femmes et des enfants à la queue des chevaux. On rasait les mâles et, avant de les mettre à mort, on les obligeait à manger leur barbe. Le père, à quatre pattes, était contraint de lécher le sang de son fils. Un rabbin, montrant soixante-dix enfants, cria aux cosaques : « Vous avez tué leurs pères et leurs mères ; maintenant, que vais-je faire d'eux ? – Feu sur tous ! » fut la réponse. Et vive l'ataman !

Pourquoi ces pogromes ? Pourquoi les Turcs tuaient-ils les Arméniens ? Pourquoi le chat arrache-t-il les yeux du chien ? Parce que la race parle plus haut que l'humanité. Un Slave a toujours un Hébreu sur l'estomac. La longue vie en commun ne les a pas rapprochés. Un Polonais, un Russe chassent un Juif du trottoir comme si le Juif, en passant, leur volait une part d'air. Un Juif, pour un Européen oriental, est l'incarnation du parasite.

Les malheurs ont des causes. Ailleurs, on recherche ces causes en toute indépendance d'esprit. Ici, quel que soit le malheur, la première cause qui se présente à l'esprit est le Juif. On ne pense pas sans saisissement que les Juifs sont les inventeurs du bouc émissaire. Leurs prêtres chargeaient l'animal de tous les péchés et le chassaient devant eux. Les peuples de l'Est ont retenu l'idée. Ils ont remplacé le bouc par le Juif !

La cause fondamentale des pogromes est l'horreur du Juif.

Après viennent les prétextes. Ils sont multiples. Dans le cas des pogromes d'Ukraine, le prétexte était le bolchevisme. Les cosaques de Petlioura étant antibolcheviks, les Juifs, par le jeu même et de tous temps admis, devaient être bolcheviks.

Voyez le ton du différend. Prenons par exemple cet ordre du jour signé Semossenko, affiché à Proskourov la veille des massacres :

« J'engage la population à cesser ses manifestations anarchiques. J'attire là-dessus l'attention des youpins. Sachez que vous êtes un peuple que toutes les nations détestent. Vous semez le trouble parmi le peuple chrétien. Est-ce que vous ne voulez pas vivre ? Et n'avez-vous pas pitié de votre nation ? Si on vous laisse tranquilles, eh bien ! restez tranquilles. Peuple malheureux, vous ne cessez de faire régner l'inquiétude dans les esprits du pauvre peuple ukrainien. »

Et si la grêle hache les moissons, c'est aussi, sachez-le bien, la faute d'Israël !

Voilà ce que l'on est quand on est Juif, dans les pays où nous arrivons !

11

LA FAMILLE MEISELMANN

Salomon a regagné les Marmaroches.
Ben le rouquin, a bien voulu me suivre. Il a des parents un peu partout : en Transylvanie, en Bukovine, en Bessarabie, à Varsovie. J'ai défendu devant lui les raisons de convenance qui font un devoir à chaque homme de rendre quelquefois visite à sa famille. Ben a compris.

Ce n'était pas la première fois que je touchais cette question de parenté juive par-dessus les frontières. Ma poche contenait des lettres de Juifs anglais pour des cousins de Berlin, de Varsovie et même de Constantinople. En épousant le costume européen, le Juif de l'Est épouse l'Europe et l'Amérique !

Nous arrivions à Oradea-Mare. Quand les trains, au lieu de suivre l'horaire, s'amusent à chasser la neige, ils ne se rendent plus compte des dates. Celui-ci avait perdu vingt heures à se livrer à son sport d'hiver. Il nous déposait, l'inconscient, à cinq heures du matin, en Transylvanie.

Il ne déposa nulle autre personne, car nous n'étions que tous les deux. Les trains ne trouvent pas toujours des fous à mettre dans leurs compartiments ! Dire que les gens que nous venons voir sont originaires d'un pays chaud !

À l'horizon, ni Juif, ni Roumain, ni cheval, ni traîneau ; seule une lumière au-dessus de la porte de sortie, et, pour nous recevoir, un thermomètre marquant − 29°. Nous étions frais !

Pas plus que moi Ben ne connaissait Oradea-Mare. On ne savait même pas de quel côté se trouvait la ville. « Si vos parents sont morts, dis-je à Ben, ce qui après tout est bien possible, que sommes-nous venus faire sur ce glacier ? – À cette époque, répondit Ben, partout où vivent les Juifs, ils vivent sur un glacier. Je compris tout de suite beaucoup mieux pourquoi Théodore Herzl les voulait envoyer en Palestine.

Tenez-vous droit, dis-je à Ben, le froid vous rend bossu, et votre silhouette m'effraie par cette nuit et cette neige ! Le froid n'était pour rien dans la bosse ; mais Ben, comme tout bon Juif, avait emporté un petit paquet mystérieux. Ne pouvant plus le tenir à la main, il l'avait mis dans son dos, sous son pardessus qui, bien serré, le maintenait.

On partit tout de même devant soi. La marche confirme à l'homme qu'il n'est pas encore changé en stalactite. Trouvez-moi une place en France, me dit Ben, interrompant le silence blanc ; je parle treize langues, et ici il fait si froid que je ne puis même plus ouvrir la bouche ! – Que voudriez-vous faire ? – Me chauffer au soleil de Paris. – Je vous recommanderai dans une agence de voyages comme guide au mont

Blanc ! Avez-vous des frères, Ben ? – J'en ai un inscrit comme Polonais et un autre qui fait son affaire à New-York. Je ne sais s'il se fera Américain. – Pourquoi êtes-vous dans les Carpathes, vous ? À cause du président Masaryk qui nous a donné la liberté.

– Est-ce que vous savez où nous allons ? – Oui, je sens les traces des traîneaux sur la glace.

On avait bel air tous les deux ! surtout le compagnon avec sa bosse au dos. Deux pâles noceurs guettant la première voiture ! Ah ! tous les Juifs n'habitent pas place de la Bourse !

Une journée si bien commencée ne peut que continuer assez mal. En effet, à peine le jour s'était-il répandu que nous avions commis un vol. Oradea-Mare dormait. Aux portes de toute maison juive, aux portes de la rue comme à celles des appartements, un cylindre long comme un doigt, en zinc ou en cuivre, est obliquement vissé dans le bois. Ce cylindre s'appelle *mezuza*. Je l'avais vu à Londres, à Prague, dans les Marmaroches ; maintes fois j'avais demandé ce qu'il contenait, et vaguement on m'avait répondu : « Une prière ! » Ben me fit la même réponse. « Nous allons en dévisser un et vous me lirez ce qu'il a dans le ventre. » Ben protesta. Je lui fis remarquer que nous ne commettrions qu'un méfait de droit commun et non un sacrilège. À ce prix, je fus autorisé à faire le malfaiteur. D'ailleurs, il fut convenu que nous replacerions le cylindre à la nuit. Et j'emportai le doigt de zinc.

Quoi de plus utile aux voyageurs que les hôteliers ? J'ai pour eux une vénération sans nom. Si l'on pouvait les reconnaître dans les rues, je tirerais mon chapeau à chacun. Sonnez n'importe où, à six heures du matin, et vous entendrez les insultes sortir de la fenêtre. En tombant sur nous, hommes de glace, elles nous eussent certainement cassé quelque chose.

L'hôtelier de Transylvanie nous ouvrit gracieusement sa maison. Cependant il devait être alcoolique ; comme café au lait, il nous apporta un bocal de pêches à l'eau-de-vie ! On s'attabla.

Le cylindre contenait un morceau de papier vingt fois plié. J'ouvris la feuille et l'écriture apparut : de l'hébreu. C'était le premier petit déjeuner que je faisais avec de l'hébreu et des pêches à l'eau-de-vie ! Voilà ce que Ben traduisit :

« Crains, Israël, l'Éternel, notre Dieu, qui est un. Loué soit le nom, la puissance de son royaume par-dessus tout et éternellement.

« Et tu dois aimer l'Éternel, ton Dieu, de tout ton cœur, de toute ton âme et de toutes tes forces.

« Et ces mots que je t'apprends aujourd'hui doivent rester gravés dans ton cœur.

« Et tu dois inculquer ces idées à tes enfants et leur en parler, que tu sois assis dans ta maison, que tu ailles sur le chemin, que tu te couches ou que tu te lèves.

« Et tu dois lier ces paroles à ton poignet comme signe de ce qui est vrai.

« Et elles doivent être fixées devant tes yeux comme sur le ruban de ta pensée.

« Et tu dois les écrire sur les murs de ta maison et sur tes portes.

« Et tes enfants qui s'amusent sur le sol de ta

chambre en seront imprégnés, car l'Éternel a juré à leur père de leur donner ces paroles pour qu'ils puissent durer sur la terre en attendant le ciel. »

– Toutes les *mezuza* disent-elles la même chose ?

– Toutes ! répondit Ben, de peur sans doute que je n'aille en dévisser une autre !

À midi, nous appelions un cocher. Il en vint deux. On prit l'un parce qu'il sut mieux s'y prendre. L'autre lui lança une apostrophe, mais sans colère, plutôt ironiquement. Les deux étaient Juifs et parlaient yiddisch, et le malchanceux envoyait à l'autre : « Chenapan ! tu es Roumain et tu oublies de parler roumain ! »

Nous nous mettions à la recherche de la famille Meiselmann. Aux enseignes des rues les mêmes noms qu'aux enseignes de Whitechapel. Ces boutiques semblaient être les succursales de celles du quartier de Londres. Pour le peintre, les Juifs de ces régions ne valent pas les Juifs des Marmaroches. Les papillotes sont plus rares, le caftan n'est pas de rigueur, la barbe s'est un peu civilisée. On ne les confond cependant pas avec les Roumains, le poil, les yeux, le teint, la manière sont d'une autre race. La misère n'est plus impérative, ce sont de tout petits boutiquiers, de ces gens qui en des temps de monnaie sonore vivraient de pièces de bronze plutôt que de pièces d'argent.

Ben frappa le dos du cocher. On descendit du traîneau. Il avait retrouvé les siens. Entrons ! me dit-il. L'enseigne de la boutique portait : *Galanterie*. Quel commerce ! Ben m'expliqua que ses parents, issus de Petite-Pologne, s'étaient mal souvenus du mot. Ils avaient voulu écrire : *Galanteria,* autrement dit : mercerie. Tant pis !

Entrons tout de même dans la galanterie !

Les boutiques juives, à peine grandes comme une voiture, ont le principe des immenses magasins. On y vend de tout et plus de vieux que de neuf. Il me sembla que la famille Meiselmann était au complet, car je comptai sept têtes, plus qu'il ne vient de clients dans un jour ! Les Meiselmann, non sans être enchantés, parurent émus. Ben me dit : « Voyez l'état de leur esprit : ils me demandent s'il arrive un malheur ! »

Le pogrome avait passé par ici voilà quatorze mois. Il vivait encore dans la mémoire de tous. Meiselmann père, Meiselmann mère, Meiselmann progéniture n'entretinrent Ben que de l'affaire. Je suivis la conversation sur leurs doigts et sur leurs traits. Les Meiselmann rendaient sensibles par la mimique tous les états que leur âme avait connus. D'abord la crainte : ils rentraient la poitrine, puis l'angoisse : les yeux s'agrandissaient ; puis l'effroi : leurs mains en mouvements s'arrêtaient net, comme pétrifiées. Ensuite l'affolement : le père s'était levé et courait, éperdu, dans l'étroite arrière-boutique. Puis un moment de détente, la vague pogromiste semblait mourir. Immobiles, les Meiselmann écoutaient. Soudain les glaces se brisent : le poing de la mère martelant contre le mur une plaque de tôle ressuscite les coups de marteau dans la vitrine. Et c'est l'irruption des étudiants. Le fils aîné ouvre la porte du fond et mime la fuite de ses deux sœurs. La mère barre de son corps cette porte de secours, deux fils se mettent devant la mère. Maintenant les doigts de la mère comptent les assaillants : deux fois dix ! Mais la peur a de grands yeux, jamais vingt étudiants n'ont pu tenir dans cette boutique ! Et le père reçoit des coups de cravache : aïe ! là dans le cou ! là sur l'omoplate gauche ! Et tout le magasin est retourné, les chaussures piétinant les casquettes, les pendules brisées. Plus un tiroir n'est à sa place, un vrai tremblement de terre !

L'après-midi, le récit recommença dans plus de vingt boutiques, où Meiselmann présenta son cousin Ben. On aurait pu croire que le mascaret était d'hier. N'est-ce pas parce qu'ils le redoutent pour demain ? Le gouvernement de Bucarest ne comprend pas que les Juifs, n'étant pas Roumains, ne peuvent vivre, agir, penser comme des Roumains. Un État et une nation sont deux choses très différentes. Les Juifs veulent bien faire partie de l'État roumain, mais peuvent-ils être de la nation roumaine ? Cela, disent-ils, n'est pas en leur pouvoir. Quel problème ! Même après les coups de bâton, ils se sentent toujours des Juifs !

C'ÉTAIT VENDREDI. Le sabbat allait commencer. Dans toutes les rues les volets tombaient avec la nuit. Les Juifs rentraient chez eux pour mettre le costume de fête. Sans vergogne, je suivis Ben chez les Meiselmann. On attendit dans la boutique close. Le père et les fils descendirent dans leurs beaux atours. Hélas ! ils n'avaient pas de chapeau de sabbat à queues de lapins. Un livre de prières était sous leur bras. On sortit. Les rues étaient hantées de Juifs allant aux synagogues. De nouvelles saintes thora avaient remplacé celles de 1927, souillées et brûlées. On entra dans un temple. Le rabbin sur l'almémor lisait déjà les versets de la loi. Quatre autres Juifs, entourant le rabbin, suivaient, chacun à son tour, avec une attention profondément religieuse, le texte du jour sur le Saint Livre. La foi transportait l'assistance. Que l'on était loin, à cette minute, des étudiants, des pogromes et de la Roumanie !

Puis chacun regagna sa maison, et Ben la maison des Meiselmann. Pouvais-je quitter Ben ?

On me convia au dîner du sabbat.

L'intérieur de la *Galanterie* n'était pas reconnaissable. Balai et plumeau avaient bien travaillé. L'ordre remplaçait le désordre. Une nappe très blanche recouvrait la table. Deux serviettes voilaient quelque chose. Un chandelier à cinq trous portait cinq bougies. La mère bénit les bougies et les alluma. Debout, la famille attendait l'entrée du père. Meiselmann apparut. Il souleva les deux serviettes qui cachaient deux pains blancs. D'un geste de prêtre, il bénit les pains et les coupa en tranches. Après il distribua les parts et chacun plongea la sienne dans un bol de sel. Le père dit encore une prière, en hébreu. Et l'on s'assit.

Les familles juives ne font pas d'économies le vendredi soir ni le samedi. La règle est de beaucoup manger et de boire du vin à la gloire du Seigneur. On servit de la carpe farcie, de la viande exsangue et une montagne de gâteaux à formes hallucinatoires. Le père s'excusa de n'avoir plus de vin de Palestine. Oradea-Mare en manquait. Tout le monde semblait très heureux. Le souci de sécurité sommeillait provisoirement au fond de ces cœurs, groupés, ce soir, au pied du trône de l'Éternel leur Roi. Aux gâteaux, le père entonna une mélodie, un de ces chants d'Orient, déchirants comme un bateau qui part.

On se leva. Mais la famille demeura autour de la table, et de chaque bouche, cette fois, sortit un nouveau chant. Et tous, comme sous le coup d'une intense vie, se mirent à danser sur place. C'était le fameux *Majofès*. Dieu chantait par la bouche de ses sujets. Il disait : « Que tu es belle, que tu es douce dans le contentement, quand tu me parles et que je t'écoute, ô ma race !... »

Et en Lithuanie, en Ukraine, en Bessarabie, en Bukovine, en Galicie, dans les Marmaroches, chaque semaine, au même jour, à la même heure, Israël, qu'il soit polonais, russe, roumain, hongrois, tchécoslovaque, n'est plus qu'Israël épars, mais toujours un.

12

LE PIONNIER DE PALESTINE

— Chalom !
— Chalom !

Ben et un autre s'étreignent en gare de Kichinev. Cela fait, ils entament une conversation. Il faut les voir ! Leurs doigts dansent comme des marionnettes. Dit-on de quelqu'un qu'il rougit ? On pense à ses joues. Un Juif qui rougit doit rougir sous les ongles, tellement ses mains comptent dans les manifestations de ses sentiments.

Nous arrivions en Bessarabie.

L'homme qui nous reçoit tranche nettement sur toute la race juive de ces pays. Sa poitrine n'est pas défoncée ; il se tient droit, et fièrement des épaules. En traversant les rues, il ne louche pas de tous côtés, pressant le pas. Une casquette le coiffe. Il est vêtu d'une veste de cuir et, quand il met ses mains dans ses poches, on sent qu'un inconnu n'est plus pour lui un fantôme porteur de catastrophes.

C'est un *Haloutz*, un pionnier de Palestine.

Nous gagnons la ville.

Aux enseignes des magasins les mêmes noms qu'aux enseignes de Whitechapel, de Mukacevo, d'Oradea-Mare.

Le pionnier est en mission. Il est ici, depuis deux mois et rejoindra Jérusalem dans trois mois. Il est venu donner des nouvelles de la *Patrie*.

Le monde, un jour, vit apparaître les Jeunes-Turcs bousculant les traditions ; je vois le premier Jeune-Juif !

Je lui dis ma surprise et la brèche que son apparition ouvre dans cette masse juive.

– Nous sommes cent soixante mille ainsi ! répond-il fièrement.

Nous allons. Il nous conduit chez lui.

– Et j'ai porté les papillotes, cher monsieur ! J'ai été élevé dans une *yeschibah* (école orthodoxe juive).

Voici la maison du sioniste. Au-dessus de son lit, le portrait de Théodore Herzl.

Le pionnier tire de sa poche un mince carnet bien cartonné ; il le met sous le nez de Ben. Il le tourne et le retourne, lui en montrant plusieurs fois les deux faces. C'est un passeport. Les frontières peuvent de nouveau se déplacer, il ne sera plus sujet russe, ni sujet polonais, ni sujet roumain ou même hongrois, et pourtant Herzl en était un ! Il est maintenant citoyen, citoyen palestinien.

– Citoyen juif, précise-t-il, comme pour chasser de nos esprits une dernière ombre. Et toi, dit-il, à Ben, tu es toujours un sujet, un esclave ?

Ben se défend. Il est Juif. Il fait partie des 180 000 Juifs de Tchécoslovaquie qui se sont déclarés Juifs.

– Tu es Juif par charité. Tu vis sous le drapeau d'un autre.

– Et j'ajoute, dis-je, qu'il préférerait venir à Paris que d'aller à Jérusalem !

Le pionnier lui donna un grand coup amical sur l'épaule. Puis il ouvrit une valise. Des photos ! des albums ! un petit drapeau blanc et bleu, une chanson ayant pour titre : *Hathiqwah*.

– Espérance ! fit Ben.

C'était l'hymne national :

Tant qu'au fond d'un cœur
Une âme juive vibrera
Et que vers l'Orient lointain
Nos yeux chercheront Sion,
Notre espérance n'est pas morte,
La vieille espérance
De revenir au pays des ancêtres
Où David habita.
Tant que les larmes de nos yeux
Couleront comme la pluie...
Tant que les eaux du Jourdain
Sortiront de Tibériade...
Tant que la muraille bien-aimée
Apparaîtra à nos yeux...
Tant qu'un œil se mouillera
Devant la ruine du Temple,
Écoute, frère en exil,
La voix d'un de nos prophètes :
Seulement du dernier Juif
Mourra le dernier espoir.

L'émotion de Ben était parlante. Elle glaça un

moment son regard. Il relut l'hymne écrit en hébreu. Après, il posa la feuille, dévotement sur une table.

— Voilà le drapeau, fit Alter Fischer, le pionnier.

Pendant que nous l'examinions :

Il flotte aux balcons de Tel-Aviv les jours de fête. Il est en tête des cortèges et sur la mairie et sur nos gymnases. J'ai entendu monter vers lui un cri que j'ai encore là (il se touchait le cœur), un cri invraisemblable, un cri que, toi, tu n'as jamais entendu, non plus que tous les millions d'autres, un cri qui n'avait pas été poussé depuis vingt siècles : Vivent les Juifs !

Ben, instinctivement, regarda autour de lui.

— Là-bas, on ouvre les fenêtres quand on le crie, et toi, tu vois ! Vivent les Juifs, monsieur, pour quelqu'un qui n'avait dans l'oreille que « À mort les Juifs ! », cela provoque une révolution dans l'âme. Les rabbins miraculeux qui voient descendre le prophète Élie ne doivent pas ressentir pareil bouleversement.

Alter Fisher avait vingt-huit ans. Il ne semblait pas seulement brûlé par le feu du sionisme, mais aussi bercé par les eaux du lac Tibériade. Il souriait au nouvel homme qu'il était. Il ouvrit un album avec amour.

— Regardez ; là, que voyait-on en 1910 ? Une dune. Et là que voit-on aujourd'hui ? Une immense ville. La ville est à la place de la dune, voilà tout, et c'est Tel-Aviv ! Voilà la rue Herzl, l'avenue Rothschild, la rue Max-Nordau, le gymnase, le municipal, le casino, la synagogue, dont on découvre la coupole, de la mer, au-dessus de tout ! On construit un théâtre qui sera magnifique. Ah ! c'est beau chez nous !

— Qu'êtes-vous venu faire ici, monsieur Fisher ?

— Je suis venu montrer ces choses aux jeunes. Israël a fait un miracle, un miracle qui se voit, qui se touche. Je suis une des voix du miracle. Il faudrait des Palestiniens dans tous les coins du monde où geignent les Juifs.

Alter Fisher, le pionnier, n'était pas né en Bessarabie, mais en Ukraine. L'année 1919 il avait dix-huit ans.

– J'habitais Jitomir...

Jitomir, dans l'histoire des pogromes, est un nom illustre.

– J'ai tout vu. Ils ont oublié de me tuer, c'est pourquoi je suis là. C'est-à-dire que deux cosaques sont bien venus sur moi pour m'embrocher, mais quatre autres Juifs fuyant d'une maison ont surgi devant eux. Alors ils ont perdu du temps à les assassiner. J'ai couru du côté du cimetière. Je n'y suis pas resté, heureusement ! Peu après ils ont massacré tous ceux qui s'étaient cachés dans la chambre des morts.

« À cette époque j'étais un juif-volaille. Les poulets, les canards, on les laisse vivre autour des fermes. Puis, un beau jour, on les attrape, et, sans se cacher, on les saigne. Le sang répandu ne retombe sur personne. L'opération est légale. En Palestine on m'a d'abord appris à me tenir droit. Tiens-toi droit, Ben ! »

La Bessarabie est un nid de Juifs. La Russie des tsars, dans son horreur d'Israël, avait chassé le peuple élu sur ses lisières. Ainsi un grand nombre de Juifs, d'après le jeu des traités, se sont-ils trouvés séparés de la Russie. Ils sont aujourd'hui Lithuaniens, Polonais, Roumains. Ils trempent cependant encore dans la sauce russe, après le yiddisch parlant le russe, bottés court à la russe. Ils grouillent d'un pas assez tranquille dans les rues de Kichinev. Leur petit commerce va petitement, mais comme eux ne vont pas grandement... Bref ! le hareng et l'oignon ne m'ont pas paru manquer.

Alter Fisher s'occupe avec passion. Nous l'avons accompagné, l'après-midi, chez un rabbin qui, comme tous les rabbins, entravait son action nationale. La Bessarabie a donné beaucoup de sionistes. Les purs, les orthodoxes sont donc assez agités. Le rabbin nous reçut avec amabilité. Il était coiffé d'un chapeau trop petit, demi-haut et tirant sur le gris. Mais toutes ces figures de Juifs où vit l'esprit peuvent supporter ce qui ridiculiserait une tête de danseur mondain ! Et la conversation s'engagea en hébreu. Voici comment je l'ai suivie :

Le pionnier, pour s'exprimer, eut d'abord une intonation respectueuse. Au nom de Tel-Aviv, le rabbin, qui ratissait sa barbe avec ses doigts, fit non ! de la tête ; au nom de Jérusalem, il éleva son regard vers le ciel. Le pionnier ouvrit son album, mit le panorama de la nouvelle capitale juive sous les yeux du saint homme, puis il posa son index sur le dôme de la synagogue. Le rabbin alors ouvrit la bouche. Il me sembla qu'il répondait : « Ce serait du beau qu'il n'y eût même pas une synagogue dans votre Tel-Aviv ! » Le pionnier tournait les pages et, sur chaque photo de colonies, cherchait le temple de la Thora. Le rabbin changea de main pour peigner sa barbe. Le pionnier le pria de bien vouloir lire *Hathiqwah*. Le rabbin prit ses lunettes, n'en passa pas les branches derrière ses oreilles, mais tint l'instrument avec deux doigts. Il lut avec attention jusqu'au bout et rendit le papier au pionnier, sans émoi, pensant certainement qu'un peuple possédant la loi de Moïse n'a besoin ni de trombones, ni de bugles, ni de grosse caisse. Le pionnier accompagna sa parole de gestes plus secs. Le nom de Théodore Herzl qu'il prononça me parut être une catastrophe. Le rabbin sourit, mais comme à son corps défendant et son visage redevint grave aussitôt. Puis le pionnier cita des noms, des noms de pieux Juifs, certainement ; puis il invoqua d'autres rabbins : rebbe Aron, rebbe Keppler, rebbe Siovits. Puis on pouvait comprendre qu'il retraçait la cérémonie de *Yom-Kipour* dans la plaine de Jezraël. Le rabbin demeura très affable tout le temps, mais, à la fin, il ne suivait presque plus la démonstration du bon pionnier. Il tenait les yeux levés sans doute vers le lointain Sinaï !

Nous quittâmes le rabbinat.

Alter Fisher était furieux. Il nous menait tambour battant à travers Kichinev. Cela nous réchauffait. Qui leur a mis le Messie dans la tête ? demandait-il, comme si l'élève de la *yeschibah* l'avait déjà publié ! À force de l'attendre, ils se feront tous égorger. Ils sont comme les habitants du Stromboli qui guettent l'éruption !

– Monsieur Fisher, vous êtes quatorze millions, dont une bonne moitié sur des volcans plus ou moins éteints ; vous ne pouvez tous tenir en Palestine.

– Y tenir ? non, mais en être, oui. On peut établir des millions de passeports, comme le mien.

– Les gouvernements brûleraient vos passeports sur les places publiques.

– C'est ce que l'on verrait !

– En effet, nous verrons cela plus tard, monsieur

Fisher. Pour l'instant, allons dîner. Le ventre a du bon !

Ma table, ce soir, était une véritable rose des vents marquant toutes les directions d'Israël, les directions vers l'Est seulement : un Juif petit-russien, deux Juifs polonais, un Juif roumain, un Juif tchécoslovaque, un Juif lithuanien, un Juif hongrois et un Juif : Alter Fisher. Que d'idées remuées ! Comme l'esprit de tous ces Juifs est actif ! Un problème insoluble ne peut vraiment tenter qu'une race qui n'a jamais fini de chercher. On passa tout en revue : lord Balfour, Théodore Herzl ! La banque juive.

– Vous entendez, disait le Petit-Russien, la banque juive ce n'est pas du vent ! Si elle voulait !

On parla des rabbins, de la politique européenne.

– Nous sommes un peuple polynational, disait Ben, le Tchécoslovaque. Un jour, l'Europe sera aussi polynationale. Et polynational ne veut pas dire moins national. Quand l'Europe sera polynationale, la question juive tombera.

On évoqua les chefs sionistes, les Arabes...

– Nous voulons nous entendre avec les Arabes, dit le pionnier, et si eux ne le veulent pas, nous nous ferons entendre.

L'Angleterre fut fouillée jusqu'au fond de sa pensée.

– Elle se sert de vous, dit Ben, et quand vous ne vaudrez plus rien, elle vous abandonnera.

Aucun ne protesta.

Et l'on n'oublia pas les Juifs assimilés, les Juifs d'Occident, en particulier ceux de France, « les plus égoïstes », messieurs ! on vous a maltraités !

13

VOULEZ-VOUS ALLER À JÉRUSALEM ?

Czernowitz est la capitale de la Bukovine. La Bukovine étant devenue roumaine, Czernowitz s'appelle aujourd'hui Cernauti. C'est une ville à pic. On l'atteindrait plus rapidement en avion qu'en chemin de fer, non à cause de la rapidité de l'avion, mais de la position de la ville, qui est plus près du ciel que de la terre.

C'est une ville qui n'a pas peur. Perdue au milieu des terres, elle se prend pour un port de mer ! Vos pieds doivent être bien calés dans vos chaussures pour ne pas broncher d'un pas devant le spectacle qu'elle vous offre. C'est Hambourg sans Elbe, ou Marseille moins la mer. Cernauti n'a pas d'eau, pas même une goutte, mais elle possède toutes les compagnies de navigation du monde.

La première que j'ai rencontrée était le *Lloyd Sabaudo*. Deux monstrueux paquebots aux bouts de l'enseigne invitaient aux longues traversées. J'ai d'abord pensé que le *Lloyd Sabaudo* était un peu fou, ou bien que son affiche était la conséquence d'un vœu, un ex-voto de rescapés peut-être ? Et j'ai continué mon chemin, croisant un Juif pour un paysan moldave. Puis j'aperçus à la hauteur d'un premier étage : *Norddeutscher-Lloyd-Bremen-Amerika.* Que de rescapés dans ce pays ! Plus loin : *Hambourg-Amerika Linie.* Je fus sur le point d'arrêter un citadin pour lui demander des explications. Les enseignes ne m'en laissèrent pas le temps. Coup sur coup surgirent la *Cunard Line* et le *Canadian Pacific.* Vous auriez dû me voir, à ce moment, pour conserver une idée d'un type épaté. Ce n'était pas des ex-voto : des bureaux s'ouvraient en-dessous, de beaux bureaux, des *Birou di Voïag,* avec tout ce qu'il faut pour expédier un homme au bout de la terre. Puis, peintes au-dessus des flots atlantiques, trois énormes initiales, N. G. I. : Navigation Générale Italienne. La *Royal Mail Line* rencontrée plus loin ne me fit plus beaucoup d'effet. Je marchais en pensant que la France était tout de même plus raisonnable. On n'installe pas des compagnies de navigation au sommet d'une montagne d'où l'on n'aperçoit que des mers de glace. Le bon sens, me disais-je, est réellement la qualité maîtresse du Français. Si certains dons nous font défaut, nous avons l'esprit bien balancé. « Hé ! » fit Ben qui, sans piper, écoutait mon monologue ; et, de son doigt, il me montrait : *La Transat, compagnie française, Brésil, Argentine, Uruguay.*

Pour répondre à une telle provocation, il ne me restait qu'à partir sur-le-champ tendre un calicot au milieu du Pacifique en faveur des Alpes bernoises, lépontiennes et bergamasques !

Le clou, c'était que les *Birou di Voïag* ne chômaient pas. La foule, sous le froid, attendait à leurs portes comme les passionnés de *Manon* sur le trottoir de l'Opéra-Comique. Ces futurs voyageurs étaient des montagnards, mal moulés dans un paletot de peau de mouton et bien coiffés d'un bonnet pointu de faux astrakan. Vus de dos, ils ressemblaient à des membres du Ku-klux-klan. Ruthènes, Petits-Russiens, Moldaves, ils rêvaient patiemment, devant les affiches magiques, les uns du Canada, les autres de l'Argentine. Les grandes affaires ne vivent pas que de la richesse ; la misère a créé ici, ces *Birou di Voïag*. Les terres qui ne payent pas remplissent les bateaux.

Devant *l'Atlantic,* un Juif qui mâchait sa moustache contemplait avec mélancolie les heureux émigrants. Il rappelait ces gueux qui reniflent les relents de cuisine. Ben lui demanda s'il partait lui aussi. D'un triste revers de main, le Juif chassa une si belle espérance. Mais il ne bougea pas. Il avait la mine de Chariot voyant s'éloigner le cirque.

Sur 140 000 habitants, Cernauti compte 80 000 Juifs, et sur 100 commerçants, 92 commerçants juifs. Au-dessus des portes, les noms lus à Whitechapel, à Prague, à Orodea-Mare, à Kichinev. Toujours des Goldenberg, des Landau, des Wolf, des Nathan, des Salomon, des Jacob et quelques terminaisons du cru, des noms en *ich,* en *wiez,* n'ayant pas encore traversé l'Europe. Nous allions dans la strada Regina-Maria. Les boutiquiers juifs tendent l'amorce dans la rue. Sur des tringles de fer se balancent des petits paletots, des chapeaux, des chaussures, des caleçons, des gants. Les rues ont l'air d'être les couloirs d'une fantastique armoire vestimentaire dont les vêtements, aidés par le vent, secoueraient leurs puces sur le passant.

Ne croyez pas que vous ayez affaire à deux hommes voguant à l'aventure. Nous savons clairement, Ben et moi, où vont nos pas : ils vont chez les Sassner. Les Sassner ne sont pas de nos amis ; jamais ils n'ont entendu parler de nous, et nous n'avons entendu parler d'eux que depuis une heure. Mais j'ai recommandé à Ben d'être très poli et de me présenter comme un homme d'une douceur extrême, ainsi, peut-être ne nous mettront-ils pas à la porte.

Les Sassner sont de retour de Palestine. Ils vont jouer, pour la première fois devant nous, les sionistes écœurés.

Voilà leur boutique. Mme Sassner, que j'aperçois de la rue, a froid. Elle est ficelée dans un châle qui, visiblement, ne la réchauffe pas. Elle vend des harengs et des croissants saupoudrés de graines de pavot. Avant l'aventure, les Sassner possédaient un vrai magasin, strada Regina-Maria, et vendaient de la fourrure. De la peau de loutre à la peau de hareng, quelle déchéance !

Mme Sassner eut d'abord une désillusion : nous n'étions pas des acheteurs. Mais Ben ne tarda pas à l'emberlificoter dans un yiddisch de jour de sabbat.

– Elle me dit, fit Ben, de ne pas y aller.

– Ce n'est pas ce qu'il faut lui demander. D'abord, pourquoi est-elle partie, elle, sa sœur, son époux et ses deux enfants ?

– Elle dit que le mari a décidé parce que le mari

est un peu illuminé. Elle ajoute que tous les jeunes gens sont aussi illuminés et qu'il faudrait battre ceux qui leur mettent la Palestine en tête.

— Où étaient-ils installés ?

— À Tel-Aviv !

— S'ils y vendaient des fourrures, je comprends tout !

— Non ! Ils s'étaient mis *fryser*. Elle, les enfants, la sœur, le mari, tous coupaient les cheveux et les barbes, mais il y eut bientôt autant de fryser que de barbes. Et puis ils n'ont pas été les seuls à revenir. Il en partait, dit-elle, plus qu'il n'en arrivait. Elle dit que la Palestine c'est bon pour les très riches ou les très pauvres, ceux qui n'ont rien à perdre et ceux qui n'ont plus besoin de gagner.

— Demandez-lui ce qu'elle fait de l'idéal.

— Elle dit... Mais vous avez compris, fit Ben.

En effet, de la main, elle nous désignait ses harengs : l'idéal de son époux avait sombré dans la saumure !

Sassner mâle fit son apparition. Il ne partageait pas l'amertume de son épouse. La Palestine avait été contre lui, mais il n'était pas contre la Palestine. Il défendit assez bien l'idée qu'une victoire est surtout remportée par les morts et les blessés.

— Demandez-lui s'il savait que le sionisme est basé sur l'agriculture et non sur le commerce.

L'ex-coiffeur de Tel-Aviv ne l'ignorait pas. Mais sa foi avait manqué de force pour le courber vers le sol. Il avait voulu faire du sionisme à bon compte. Et il conclut que le retour des Sassner ne prouvait rien contre Théodore Herzl. Une femme juive est respectueusement soumise à son mari, aussi Mme Sassner ne leva-t-elle pas les épaules.

De là, les deux compères que nous étions partirent pour d'autres boutiques.

– Nous entrerons, dis-je à Ben, et vous demanderez sans préparation : « Voulez-vous aller en Palestine ? »

Nous franchîmes le seuil de Jacob Isler, peintre d'enseignes. Il achevait en lettres bleues la commande d'un Samuel Mandula. Penché sur le panneau, il semblait, pour aller plus vite, peindre une lettre avec son pinceau, une autre avec sa barbe. Ben lui envoya la formule à bout portant.

Jacob Isler se leva et d'abord ne répondit rien. Il jeta un regard inquiet dans la rue, craignant sans doute que nous eussions amené du renfort. Puis il demanda :

– De quelle organisation êtes-vous ?

– C'est pour savoir combien Cernauti pourrait fournir d'émigrants.

– Est-ce de la part du gouvernement roumain ?

– Non, c'est une affaire intérieure juive.

Jacob Isler déclara se trouver bien ici.

– Vous avez pourtant, à votre mur, le portrait de Théodore Herzl.

– Mais, fit-il vivement, ce n'est pas défendu !

– Alors, vous ne voulez pas aller en Palestine ?

– Non ! Je suis trop vieux.

Nous prîmes congé.

Le pinceau à la main, Jacob Isler, sur le pas de son atelier, suivit longtemps des yeux les mystérieux ambassadeurs.

Voici M. Bêla Polak, libraire. Nous entrâmes.

– *Chalom !* fit Ben.
– *Chalom !*

On feuilleta un vieux Talmud. J'achetai même le *Zohar*, le livre de la splendeur. Le libraire reconnut alors que nous étions des cabbalistes. Il en était un. Dieu demandait à être aimé dans la joie, dans l'extase, à travers le vin, les danses, les chants et non dans l'ascétisme. Nous lui certifiâmes que c'était bien notre opinion. Ensemble, nous daubâmes sur le Gaon de Vilna, qui jeta l'anathème sur un si beau livre, et je poussai Ben du coude. Il lâcha la formule.

Le libraire branla la tête, éventant sa poitrine de sa barbe. Il répondit que l'affaire des Juifs n'était pas l'affaire des hommes. On pouvait évidemment aller en Palestine, mais aucun signe ne l'avait encore ordonné. Le rassemblement d'Israël n'avait pas sonné. Il resterait à Cernauti. Le pain blanc du sabbat n'y était pas trop difficile à gagner. Quant aux persécutions morales, l'esprit d'un Juif devait en connaître suffisamment le goût pour ne pas s'en étonner.

Nous sortîmes.

Judas Fried était horloger. On le voyait, du trottoir, la tête penchée sur l'établi et taquinant le ressort d'une montre de dame. Il faisait encore, ce jour-là, vingt-six sous zéro. L'attrait d'un intérieur nous fit pousser la porte de Juda Fried.

Le portrait de Théodore Herzl pendait au milieu des pendules.

– *Chalom !*
– *Chalom !*

Ma montre ne marchant jamais, je la mis tout naturellement dans la main du spécialiste. Et je priai

Ben de la lui recommander, car j'allais faire un grand voyage, je partais pour Jérusalem.

Au nom de Jérusalem, un second ouvrier leva le nez, un jeune homme. Puis il parla à Ben. Et le père prit part à l'entretien. Juda Fried expliqua que son fils avait la tête tournée par le sionisme. Il avait acheté le portrait de Herzl.

– Dites-lui que j'emmène son fils s'il le veut.

Un souffle de colère fit onduler la barbe de l'horloger en chef. Son fils n'irait pas là-bas, jamais !

– Et quand il sera grand ?

– Alors, l'idée sera loin !

Juda Fried nous regarda ensuite sans amitié. Il nous avait pris pour des *Haloutzin*. Certainement, il sabotera ma montre.

Dans la boutique d'un marchand de saucissons de cheval, nous avons rencontré M. Salomon R... Un vieillard était assis près du poêle. C'était lui. Au son du français, il se leva et nous dit :

– Je vous salue, messieurs !

Salomon R... était rasé et tristement vêtu. La misère et la philosophie accompagnaient dignement sa personne. Il nous dit que notre rencontre dans ce pays si peu fréquenté le rendait heureux parce qu'il avait longtemps habité la France. Zadoc Kahn fut un ami de son père, lequel était grand rabbin de Francfort. Lui, avait vécu à Paris comme un vrai Français, puis longtemps à Vienne. Il finissait ses jours incertains à Cernauti, la communauté juive, en souvenir du passé des siens, ayant bien voulu le secourir. Il répéta :

– Je vous salue bien ; puis-je ainsi remercier la France de sa légendaire hospitalité ! Une longue vie, messieurs : soixante-treize ans ; mais ni Français, ni Allemand, ni Roumain, toujours Juif !

– Peut-être pourriez-vous alors aller en Palestine ?

– Messieurs, j'ai mis soixante-treize ans à charmer les Européens ; à d'autres de charmer les Arabes !

14

LE GHETTO DE LWOW

« Ma colère ne durera pas éternellement. » Elle dure, Seigneur, à Lwow, contre votre fille Israël.

Une nouvelle face de la vie juive nous regarde. Nous venons de franchir une autre frontière. Nous voici en Pologne, en Petite Pologne. *Mala Polska.* C'est la Galicie.

Sous les Autrichiens, la ville s'appelait Lemberg. Maintenant, son nom est Lwow. On dit aussi, à la française, Léopol.

Nous allons voir le premier ghetto.

En Tchécoslovaquie, en Roumanie, nous avons eu la vision de centres juifs. Aucune ligne de démarcation entre le Juif et l'Européen. Un mélange où dominait le Juif. À Lwow, le Juif n'a que sa part. Ils sont quatre-vingt mille contre deux cent mille Polonais. Si l'on donne au mot *contre* son sens de choc, il est plus juste de dire que deux cent mille Polonais sont contre quatre-vingt mille Juifs.

La vie qu'ils y mènent est infernale. Tous désirent fuir. Vingt mille sont partis en 1926, quinze mille en 1927. Mais les États-Unis, le Canada viennent de fermer leurs portes. L'Argentine exige cent cinquante dollars. La France se montre difficile. La Palestine ne tente que les jeunes. Il faut demeurer dans le cauchemar.

Le Lwow polonais est une jolie ville. Mais nous venons pour l'autre Lwow. Il est juste au bout de l'allée des Légions, derrière le grand théâtre, borne-frontière. Le portier de l'hôtel a d'abord souri quand je lui ai demandé le chemin du ghetto, puis il a dit : « C'est tout droit, vous le verrez, allez ! »

« À quelle désolation êtes-vous réduits ? À quelle horrible confusion ! Vos maisons ont été jetées par terre ! »

C'est du ghetto de Lwow, certainement, que Jérémie voulait parler.

Les maisons ont été jetées par terre en 1918, au dernier pogrome sérieux. Les fils d'Israël, vautours à pied, rôdent la nuit et le jour, dans les ruelles, comme cherchant des déchets. Leurs mains emmaillotées dans des morceaux d'étoffe, noirs sur la neige, la tête enfoncée dans leurs épaules par le maillet de la misère, pensifs, inoccupés, s'immobilisant sans raison, seuls, au milieu des places, comme autant de prophètes sans voix et sans auditeurs, ils boisent alors ce ghetto, plutôt qu'ils ne l'animent, de leur seconde silhouette de cyprès tourmentés.

Les portes, les murs de leurs boutiques de fortune sont blindés de panneaux-réclame. Posées comme des pansements sur les plaies de leurs domiciles, ces plaques de fer-blanc ou de carton leur font des maisons d'arlequin. Le quartier nage dans l'odeur d'oignon et de hareng. Un hareng, c'est trop dire, un hareng partagé en six ! Ces morceaux étalés sur un journal tentent l'affamé possesseur de dix *grosze*. Les preslés, ces croissants dorés à l'œuf, ensemencés de graines de pavots, concurrencent les carrés de harengs. Tout le ghetto mange debout. On ne doit se mettre à table que le vendredi soir. Ils mangent en marchant, comme pressés par d'urgentes affaires. Celui-ci achète son preslé, mord dedans, mais s'aperçoit que d'autres dents longues ont déjà entamé son bien. Il le repose et en prend un neuf. Que restera-t-il de ce croissant au dernier qui passera ?

Le marché est le cœur du ghetto. Un amas de baraques comme celles que l'on construit après un tremblement de terre ou l'incendie d'une ville. Tremblement ou incendie doivent dater de loin ! Ces baraques sont branlantes. La vie est là, pourtant ! S'il tombe de la manne, elle tombera ici.

– *Handel ! Handel !* Je vends, crient tous ces Juifs. Je vends, je fais du commerce, j'ai de tout ! Je vends du vieux, évidemment, mais le vieux ne vaut-il pas le neuf ? L'âme seulement a besoin d'être belle, pure, intacte pour servir de miroir au Seigneur. Les beaux habits font-ils une belle âme ? L'Éternel regarde-t-il vos souliers, vos caftans ? Voilà des bas, des chaussettes qui n'ont plus de pied. Les bas ont-ils besoin de pied puisque vos pieds ont déjà des souliers ? *Handel !* Je vends des caftans graisseux, ainsi pourrez-vous croire les avoir salis vous-mêmes en des banquets mémorables ! *Co Pan Kupujé,* que m'achetez-vous, monsieur ? On a envie de répondre : pour deux sous de misère ! Elle abonde tellement que pour deux sous on en aurait jusqu'à la fin de sa vie ! Les marchands de preslés, grelottant devant leurs paniers, ne s'arrêtent de lancer *Pientch grosze,* cinq centimes ! Et ils vous donnent leur parole d'honneur que la marchandise leur coûte davantage.

Toutefois, les femmes sont grosses. Sont-ce leurs loques qui les engoncent ? Le froid fait-il gonfler ? Sucent-elles, en cachette du mari, l'arête du hareng saur ? Grosses, mais pâles. Leur graisse vaut celle du mouton, bonne à faire du suif.

Un marché ? Un champ d'épandage, oui ! Le choix de toutes les boîtes à ordures de la ville polonaise ! Les lapins dont on propose les peaux paraissent avoir été tués à la mitrailleuse. Les fourrures ne sont que de la bouillie de poils.

— On ne vend rien, disent ces gueux. Pourquoi nous suivent-ils comme s'ils étaient des pigeons attendant le grain ? Peut-être n'avons-nous pas de trou au pantalon ? Ce serait, en effet, grande originalité ici !

— Messieurs, leur dis-je, vous devriez aller en Palestine.

— Vouah ! Il y a suffisamment de ces sales Juifs frisés, pouilleux et déguenillés là-bas !

— Vous croyez-vous autrement ?

— C'est pourquoi. Là ou ailleurs ! Là-bas, pour gagner de l'argent, il faut travailler durement.

— Et ici ?

— Ici, on attend, et l'on n'attrape pas la malaria.

— Qu'attendez-vous ?

— Eh ! d'avoir un pardessus et un faux col, comme vous.

— Et puis après ?

Plusieurs mains répondirent pour tous. Le geste est connu : il signifie que ces hommes sont les enfants du Seigneur et que le Dieu d'Israël est un puissant personnage.

Les rues n'étaient rien. Le ghetto de Lwow est à l'intérieur. Nous avons passé trois jours à le visiter. Si nous voulions vous rendre compte de notre travail, il faudrait prendre les rues une par une et, commençant par le numéro 1, dresser une liste dans ce genre :

Rue de la Synagogue : n° 1, neuf familles de cinq à huit enfants, criant de froid et de faim et pourrissant sur le plus fumant des fumiers.

N° 2, dix familles, idem.

N° 3, n° 4, des deux côtés de la rue, jusqu'au bout, idem. Idem pour les rues en pente, les rues plates, les impasses. Avant-hier, de deux à six heures, hier de neuf heures à midi, aujourd'hui, de une heure à sept, idem.

Le premier jour, je dus sortir une fois, précipitamment, de l'un de ces chenils pour calmer les nausées provoquées par l'odeur. Pour la même cause je sortis une fois le second jour et deux fois le troisième jour. Les deux Juifs qui m'accompagnaient pleuraient et les soirs, ils voulaient bien s'asseoir à ma table, mais ne pouvaient manger.

Rue Slonecznej (rue du Soleil), nous descendons dans une cave. Mes compagnons allument leurs bougies et nous rampons. Aucun bruit de voix, trente-deux personnes habitent cependant ces logements souterrains. Nous poussons une première porte. Où pénétrons-nous ? Nous pataugeons dans la boue. Un soupirail bouché par la neige laisse passer une lumière anémique. L'humidité nous enveloppe déjà de son voile et nous sentons peu à peu le voile plaquer au corps. Nous fouillons l'antre de nos bougies. Deux petits enfants de trois et quatre ans, les mains et les pieds enveloppés de chiffons, mais en chemise, et dont les cheveux, depuis qu'ils eurent le malheur de pousser sur ces têtes, n'ont certainement jamais été peignés, sont debout et grelottants contre un grabat. Il nous semble que le grabat remue. Nous abaissons les bougies. Une femme est là. Dans quoi est-elle couchée ? Dans des copeaux mouillés ? Dans de la paille d'étable ? Je touche, c'est froid, gluant. Ce qui recouvre la femme a dû s'appeler édredon, ce n'est plus qu'une bouillie de plumes et d'étoffe suintant comme un mur. Nous apercevons deux autres têtes dans la bouillie, de tout petits enfants, quatre mois, quinze mois. L'aîné sourit à la flamme que nous promenons autour d'eux.

La femme n'a pas dit un mot.

Nous avons réveillé le souterrain. Des habitants nous cernent dans le couloir. Nous devons entrer dans chacune des tanières. S'ils sont chez eux l'après-midi, c'est qu'ils n'ont pas d'habits pour aller dans la rue. Un seul est sorti pour tous, avec les souliers de l'un et le caftan de l'autre. Rapportera-t-il de quoi manger un peu ?

Enveloppé dans un châle, un Juif à grande barbe nous salue dans la pénombre. Il possédait une maison, le pogrome de 1918 la lui a brûlée, et s'il est boiteux, c'est qu'on l'a jeté par la fenêtre du premier étage. Depuis, il n'a pu remonter. Il est dans la cave.

Avec nos dents nous tenons nos mouchoirs sous notre nez. Les Juifs nous montrent la cause de l'épouvantable odeur. Le tout-à-l'égout du quartier passe dans leur demeure, dans la demeure de tous ceux de la rue ; plus de trois mille Juifs sont transformés en vidangeurs, car ce n'était pas dans la boue que nous marchions.

Les femmes s'accrochent à nous, hurlent de misère et se laissent traîner dans l'escalier que nous remontons. Dans la rue, les joues luisantes de larmes, la supplication à la bouche, elles dressent devant nous leurs enfants en chemise, comme une barrière !

Ne donnez rien, me disent les compagnons. Il faudrait des trains de zloty pour abreuver cette détresse. Ils en deviennent idiots, aveugles, bossus. Les enfants pourrissent. Ne donnez rien... rien.

Alors ?

Alors, c'est le ghetto, tout simplement. La résignation tiendra longtemps lieu de solution.

Cette tragique misère, les Juifs l'ont un peu voulue. Elle est leur œuvre. Non spécialement les Juifs d'aujourd'hui, mais les Juifs de toujours. Le Juif veut se garder indépendant. Dans ce but il choisit le rôle de commerçant. Il vend ! Il élèverait des poux pour en vendre la peau si la peau de poux était cotée ! Une ville pourrait-elle vivre qui compterait quatre-vingt-quinze pour cent de vendeurs ?

Certes, la Pologne les hait. Elle les a chassés de tous ses monopoles, elle les a rejetés de sa vie nationale, encore beaucoup plus que ne l'avaient fait les tsars. Mais la Pologne n'a repoussé que ce qui demandait à ne pas être assimilé. La Pologne ne veut pas être plus juive que les Juifs ne sont Polonais. Et comme la Pologne est la plus forte, les Juifs crient sous le poids. On les écrase, on les bâillonne, on les couvre de fumier, croyez-vous qu'ils demandent grâce ? Tendez l'oreille : ils gémissent. Que disent-ils ? Ils disent qu'ils sont Juifs ! Pilsudski ne peut pourtant pas céder sa place à Moïse !

J'étais sur le trottoir, rue Smoczej (rue du Dragon), prenant des notes. Un Polonais passe portant un seau d'eau. Il me balance son coude dans les côtes en criant : « *Przecz z drogi psie przcklenty !* »

– Et alors ? dis-je.

– Ce n'est rien, font mes compagnons, ne provoquez pas de scandale, il vous a vu avec nous, il vous a pris pour un Juif.

– Qu'a-t-il dit ?

– Il a dit : « F... le camp de ma route, chien maudit ! »

15

MAIS... VARSOVIE

Salut à la capitale juive d'Europe... et pardon aux Polonais ! Leur métropole est aussi celle d'Israël.

Nous voici à Varsovie. Nous avons vu les Juifs sauvages des Marmaroches, les Juifs peureux de Transylvanie, de Bessarabie, de Bukovine, les Juifs battus et suppliants de Lwow.

Ici, plus de papillotes. Ils les ont perdues sous les ciseaux des cosaques qui avaient reçu des tsars l'ordre de les leur couper dans la rue.

Whitechapel ? Oui ! Mais trop européen. Vilna, Lodz, Cracovie ? Très remarquables comme centres juifs. De fameuses visions ! Toute une vie insoupçonnée des Occidentaux. Un peuple archimillénaire vivant sous les fils du téléphone et près des rails des chemins de fer ! Mais Varsovie est la reine juive d'Europe. Si Saül, David, Salomon, Roboam, Jéroboam, Nabaddab avaient un successeur, le roi des Juifs aurait son trône à Varsovie.

Il compterait plus de sujets à New-York, mais

quels sujets ! Des impies qui vendraient l'Arche d'Alliance, s'ils la retrouvaient ! À Varsovie, David II serait au milieu des siens.

Ce serait une jolie petite capitale : trois cent soixante mille descendants d'Abraham. Certes, il ne les reconnaîtrait pas tous du premier coup. L'Europe en gâta un bon nombre. Il lui faudrait sonner du chofar dans les quartiers catholiques pour obtenir un rassemblement général. Mais ce ne serait pas très long.

Je le vois, ce David II, faisant son entrée dans Nalewki (ghetto de Varsovie). Il serait d'abord descendu dans le centre polonais, à l'hôtel Bristol, par exemple. Le lendemain matin, après une bonne nuit, et s'il avait voulu atteindre vivant l'entrée de son fief, on l'aurait vu monter dans un tank. Cinq minutes après, il eût fait son apparition dans Nalewki, lançant : « Je vous apporte la paix ; je suis venu pour sacrifier au Seigneur ; purifiez-vous et venez avec moi ! »

Immédiatement, débouchant des rues Smotcha, Dzéka, Gésia, Stawki, Mila, Pokorna, Maranowska, Pawia, Zoliborska, émergeant des caves et des couloirs souterrains, encore inexplorés des Gentils, dévalant des escaliers branlants et centenaires, bondissant des boyaux, ruelles, impasses, culs-de-sac, surgissant des cours, sortant des marchés, abandonnant les boutiques, quittant les maisons de prières le taliss encore sur la tête et les phylactères au front et au poignet, trois cent soixante mille caftans, bottés court, coiffés plat, barbe volante, agitant leurs mains comme des fleurs, se seraient rués dans Nalewki, criant : « *Jechi Hamelech !* » Vive le Roi David II !

Ce rêve je l'ai fait tout éveillé, aujourd'hui. J'étais là, dans le formidable ghetto, sans cesse balayé de ma place par les Juifs affairés. Ils se répandaient, indisciplinés, possédés par le démon d'une activité d'avance neutralisée. Les uns, en passant, me disaient deux mots, et, devant mon silence, reprenaient leur course. Ils m'avaient demandé : « S'il vous plaît, monsieur, voulez-vous quelque marchandise ? » Le gouvernement polonais les a mis hors de l'activité polonaise. Il leur a fermé toutes les portes comme employés. Chassés des chemins de fer, des tramways, des postes, des mines de sel, il ne restait qu'un facteur juif, ces temps derniers, au service de l'État. Le ministre interrogé répondit qu'il l'avait remercié parce que les Juifs ne sont pas bons marcheurs. Tu entends, juif errant ? Les porteurs des gares ont fait expulser les porteurs juifs. La dernière grande grève de Lodz fut déclenchée par les ouvriers socialistes polonais parce que leurs patrons – des Juifs – avaient embauché des ouvriers juifs. Barrés de tous les côtés, ils ont tous reflué vers Nalewki.

L'un des points principaux du programme politique polonais : « tasser » les Juifs. Le mot d'ordre de la société : *Rien que les Polonais !* Le président de la République est leur président et non celui des Juifs. Pilsudski a voulu réagir et ramener les esprits aux termes de la Constitution, qui ne sont pas antisémites. Il n'y parvint pas. Les Juifs sont trois millions et demi en Pologne. La population totale dépasse trente millions. Les trois millions et demi de Juifs paient quarante pour cent des impôts et pour un budget de plus de trois milliards de zloty, un os de cent mille zloty seulement est jeté à Israël. Un Juif ne peut faire partie ni de l'administration, ni de l'armée, ni de l'université. Comme le peuple est chassé des emplois, l'ouvrier de l'usine, l'intellectuel est éloigné des grades.

Pourquoi cela ? Parce que le gouvernement polonais n'a plus de force dès qu'il s'agit de résoudre les questions juives, la haine héréditaire de la nation emportant tout.

Les Juifs de Pologne sont revenus aux plus mauvaises heures de leur captivité.

Les Juifs n'ont pas, pour si peu, changé de manière de vivre. Un crustacé serre d'autant plus le rocher de ses pinces qu'on veut l'en arracher. Et quand, par tempérament, le bruit d'une souris qui ronge vous affole, on a l'habitude de l'affolement. Les Juifs orthodoxes, qu'on appelle à Varsovie les Juifs nationaux, vont d'un pas inchangé au-devant de leur nouvelle tragédie, la casquette plate et la lévite les distinguant du reste des citoyens, comme la rouelle au moyen âge. Quant aux Juifs à faux col, que David II serait forcé de rameuter dans les quartiers centraux, ils désireraient être comme les Juifs d'Occident, c'est-à-dire Juifs de religion seulement. Mais ils ont beau dire : « Nous voulons nous séparer de ces sales Juifs galeux, de ces rabbins qui ne font que dormir, ne relever que de l'autorité polonaise », les Polonais ne le permettent pas. Alors ils en ont pris leur parti, et quand on les connaît, ils vous lâchent : « Évidemment, nous sommes des étrangers ! »

Pour le moment, les uns et les autres tâchent d'offrir le moins possible de laine à la tondeuse du fisc polonais. « Enfin, disais-je à l'un, rue Dzika, pourquoi ne voulez-vous pas que je vous photographie ? – J'ai peur de payer l'impôt, répondait-il, éclatant de malice. – Mais vous êtes riche ! – Quand un Juif est riche, il n'est plus Juif ! » Puisqu'ils sont des étrangers et que le budget polonais ne leur accorde que cent mille zloty, même pas de quoi ramasser les ordures, comment organisent-ils leur vie nationale ? Ils ont un petit gouvernement qui s'appelle la Communauté. La Communauté de Varsovie est dirigée par un triumvirat : un Juif orthodoxe, un Juif socialiste, un Juif sioniste. La Communauté lève les impôts juifs. Les agents du fisc polonais, après avoir touché la part polonaise, vont chercher la part juive. C'est avec cet argent qu'ils entretiennent leurs hôpitaux, leurs maisons de vieillards, leurs écoles, leur cimetière. Leur commerce ne va que quatre jours et demi par semaine, à cause du fameux sabbat. Le gouvernement polonais ne les empêche pas de fermer le vendredi soir ni le samedi, mais il les oblige à chômer le dimanche.

– Voyez si nous pouvons être riches !

– Polonisez-vous, ne faites pas le samedi.

– Cela, jamais ! Nous ne voulons pas renoncer à notre culture, en quoi nous croyons profondément.

Et dans les rues on crie les journaux yiddisch.

Les rues chinoises ne sont pas plus magnifiques que les rues de Sion-Varsovie. Des amis, qu'un rien effraie, m'ont empêché d'acheter un pliant, que j'eusse installé, avec moi dessus, dans Nalewki. Aussi étais-je rompu, chaque soir, quand je réintégrais les quartiers bien pensants. La juiverie vit dehors. Oriental, ce peuple loge à l'orientale. L'été c'est encore mieux. L'intérieur est transporté sur les trottoirs. Tout juste si les enfants ne se font pas en plein vent. Mais l'hiver, c'est bien aussi. Ces éternels promeneurs pérégrinent loin de leur logis. Ils vont, extrêmement satisfaits d'avoir des pieds. Et la boue, giclant en fusée, électrise leur marche. Dans ce ghetto où ils connaissent tout, tout les intéresse. Que c'est beau à regarder la vie ! Qui sait si la foire-choléra, installée en permanence au bout de la rue Zoliborska, ne recèle par un trésor cet après-midi ? Et les voilà fouillant jusque dans les cylindres des machines à désinfecter ! L'un en retire un pantalon ; son caftan lui servant de paravent, il l'essaie ! Adossés contre des baraques, des ambitieux se déchaussent et enfilent de vieux souliers. Je n'ai pas compris pourquoi. Les souliers qu'ils quittent ne sont pas plus usés que ceux qu'ils achètent. Ce doit être par amour du changement ! Demain d'autres acquerront ce que ceux-là, aujourd'hui, abandonnent.

Les recoins de ce Nalewki ne sont pas tous explorés, même de la police. On s'y perd avec frisson et délice. Non le frisson de la crainte, les Juifs ne jouant jamais du couteau ni du revolver, mais le frisson de l'inconnu. Les impasses, les passages dans les maisons, les cours intérieures communiquant avec d'autres cours intérieures, les marchés ouverts qui se tiennent si bien cachés, les innombrables poches de ces marchés, de ces cours, de ces passages, de ces impasses, tout ce labyrinthe oriental tenant autant de l'Inde que de Damas et de Jérusalem. Ces caravansérails sans chameau, ces khans à la Kipling, braillards, gesticulants, carnavalesques, où tous les noms d'Israël dansent sur des enseignes, où l'aveugle-prophète tâtonne, où des vieillards, immobiles, le cou rentré, ont l'air de hérons dormant sur une patte, où d'autres lentement, lentement, semblent suivre une invisible procession ; ces entrées d'escaliers qui sont encore des boutiques ; ces caves d'où l'on vous crie : « Handel ! Handel ! je vends ! je vends ! » Ces ruisseaux où pataugent tous ces Levi, ces Lew, ces Lewis, ces Lewite, ces Levitan, ces Lewiston, ces Lewinstein, que ma présence émeut tellement ; tous ces regards où l'inquiétude chasse la curiosité et la curiosité l'inquiétude ; ces chevaux préhistoriques dont les squelettes traînent encore des fiacres clopinants et déménageurs ; ces étudiants de Yeschiba, encadrés de leurs papillotes savantes, et cherchant, en chapeau rond, l'improbable pain du soir ; ces jolies filles en loques sous le châle, le sachet de terre sainte au cou et qui suivront bientôt le marchand de Buenos-Aires ; ces porteurs chargés à la mode turque ; cette humidité embuant les murs, pénétrant les os ; ces innombrables yeux vifs, brillants comme des étoiles, au milieu de cette friperie grandiose, c'est Nalewki !

Le vendredi soir, au coucher du soleil, le grand rideau du sabbat tombe sur cette métropole, le rideau qui sépare le peuple de Dieu du chien de chrétien. Tout se vide. Il reste bien quelques loustics criant leurs oranges et leurs preslés.

– Veux-tu rentrer chez toi ! Tu n'as plus le droit de vendre, c'est sabbat.

Mais ils vous tirent la langue. Nalewki devient désert. Le peuple juif est enfin sous ses toits. La femme prépare la table de sabbat, sort la nappe blanche, met les bougies dans le chandelier à sept branches. L'homme revêt son habit de fête. Et soudain la rue remue de nouveau. Les mâles, un livre sous le bras, tenant leur fils par la main, gagnent les synagogues et les maisons de prières. Les maisons de prières sont nombreuses dans Nalewki autant que les bains au Japon et les comptoirs en France !

Il en est une au n° 4 de la rue Twarda. Je faisais les cent pas sous le passage qui y conduisait. Déjà recueillis, les Juifs arrivaient. Ils n'étaient cependant pas sans m'examiner. L'un s'arrêta même dans son pieux élan pour tourner autour de l'inquiétant inconnu que j'étais. Ses yeux perçants violèrent le secret de ma poche.

– Vous pouvez entrer, me dit-il en français, comme s'il avait lu mon passeport au travers de mon pardessus.

Je le suivis. La porte à peine refermée, des bouffées de pieuses rumeurs me suffoquèrent. Tournés vers Jérusalem, les Juifs priaient. Je les voyais de dos. Un châle blanc rayé noir, le *taliss,* tombait de leur tête jusqu'au milieu des reins. Ainsi, dit-on, Dieu en son temps, apparut à Moïse. Leurs grandes barbes, s'échappant du châle, tremblaient dans la lointaine direction du temple détruit. La prière, de plus en plus, grondait. Sous l'émotion divine, tous ces corps se balançaient comme des barques vides sur une mer agitée. Soudain, j'ouvris plus grands mes yeux. Ces hommes qui, maintenant, se présentaient de profil, étaient changés en licornes. Une corne avait poussé sur leur front ! C'était l'une des boîtes contenant les prières, et l'autre était liée à leur poignet gauche qu'ils pressaient contre leur cœur. Ainsi, la prière dite par les lèvres, entrait-elle magiquement dans leur cœur et dans leur cerveau !

Ah ! nous n'étions plus au temps de Pilsudski !

Le Seigneur, le voyant venir, l'appela : « Moïse ! Moïse ! » Il lui répondit : « Me voici ! »

Vous pouvez, ce soir, sonner votre cloche le long de Nalewki, tramways polonais : Israël n'est plus là !

16

L'USINE À RABBINS

Ulica St-Jerska, 18. C'est bien là. Une rue valant les autres dans Nalewki, boueuse, babillarde, gesticulante et cependant mystérieuse. Un immeuble humide ainsi que tous les immeubles, ses pierres, son plâtre piqués de petite vérole, sa cour communiquant avec une autre cour, ses escaliers gluants.

On m'attend. Maintenant que je suis au premier étage, je n'ai plus qu'à toucher la *Mézuza* de deux doigts, à porter ces doigts à mes lèvres, puis à pousser la porte.

Je suis au seuil de la *Mesybtha*, le grand séminaire juif de la juiverie du monde. La jeunesse sensationnelle, celle qui mendie son pain et sa couche dans Nalewki, les maigres et pâles intellectuels en chapeau rond, ces figures de seize à vingt-deux ans, ascétiques, inspirées, dévorées par l'esprit moloch, ces porteurs du feu d'Israël venus de Pologne, de Roumanie, d'Ukraine, de Tchécoslovaquie et même de Belgique, tous sont là. Je les entends du palier. La rumeur de leurs voix enfle, s'apaise, s'éteint, renaît. L'usine à rabbins est en plein travail.

Entrons. Oui, entre donc ! L'odeur du lieu est épouvantable ? N'en as-tu pas senti d'autres ? Fais l'homme atteint d'un rhume, mords ton mouchoir au-dessous de ton nez, mais pousse de l'avant, tu t'habitueras !

L'odeur est spécialement juive – juive orthodoxe. Dans un cinéma, à Cernauti, elle me chassa avant la fin. Cette odeur est un mélange d'essence d'oignon, d'essence de hareng salé et d'essence de fumée de caftan, en admettant qu'un caftan fume comme fume la robe d'un cheval en nage. Individuellement, peut-être, ne dégagez-vous aucune odeur, je le souhaite, mais groupés en lieu clos, vous empoisonnez, messieurs !

Comme l'on voit la futilité de mon esprit ! Quoi donc l'odorat a-t-il à faire ici ? Les cinq sens et même les autres n'ont jamais pénétré dans une *Mesybtha*. Rien venant de l'extérieur ne peut impressionner ces étudiants. Absolument rien. Ils ne sont là ni pour manger, ni pour dormir, ni pour toucher, ni pour entendre, ni pour voir, ni pour goûter, ni pour sentir, mais pour apprendre. La passion d'apprendre est aussi uniquement juive. Percer les mystères, faire reculer l'ombre, cravacher son intelligence qui ne galope jamais assez vite, n'atteindre un sommet de la compréhension que pour s'élancer sur un autre sommet, spéculer sur toutes causes et sur tous principes, telles sont les seules préoccupations de ces infatigables théoriciens.

Ce séminaire rabbinique est extraordinaire : une de ces visions qui s'accrochent à votre souvenir pour le restant de votre vie. On en demeure interdit, silencieux, comme dépassé par l'imprévu. Ils étaient cinq cent quatre-vingt-sept fougueux dans cinq étroites chambres, ivres, complètement ivres. Depuis sept heures, ils ne cessaient de boire, de boire la science, la connaissance, le savoir, la découverte. Le front dans leur main, piétinant le Talmud de leur nez, levant parfois des yeux habités par une vision, le chapeau rond de travers, les papillotes agitées, se balançant frénétiquement d'avant en arrière, de droite à gauche parce que l'étude les enflamme au point qu'ils ne peuvent demeurer immobiles, d'heure en heure élevant le ton, tous rugissaient comme des devins sourds sans s'occuper de leurs voisins. On eût dit une assemblée d'enfants prophètes assis sur la pile de l'inspiration !

Ils travaillent ainsi de seize à dix-sept heures par jour. Qu'apprennent-ils ? D'abord, le Talmud par cœur, les deux Talmud même : celui de Jérusalem et celui de Babylone. Ils se gorgent littéralement de toutes les vieilles traditions rabbiniques. Qu'est-ce qu'un Talmud ? C'est le livre des interprétations que mille rabbins, depuis des millénaires, ont données de la loi de Moïse. C'est l'amour de la discussion poussé jusqu'à la déraison. Le sens et le contresens d'un mot y font l'objet de controverses sans fin. On ne discute pas, par exemple, à la légère, cette parole de Dieu : « Que chacun demeure chez soi et que nul ne sorte de *sa place* au septième jour. » Quelle est cette place ? Jusqu'où peut-on aller un samedi sans offenser le Seigneur ? Le mot *place* désigne-t-il les environs immédiats de la maison ? Le village tout entier peut-il être considéré comme la place voulue par l'Éternel ? Si oui, cela peut-il s'appliquer à tous les villages, quelles que soient leurs dimensions ? En tout cas, quel périmètre maximum peut avoir un village pour répondre à la pensée divine ? Et ce qui peut être admis pour un village, peut-il l'être pour une ville ? Où commence une ville ? Où finit-elle ? Les bornes posées, la ville n'est-elle pas trop grande pour être traitée de place ? Si elle est trop grande, de combien pourrait-on la réduire pour les sorties du samedi et afin de ne pas contrevenir aux ordres du Seigneur ? Et qui prouve, à la fin, que les limites données à la ville pour la confondre avec la place soient exactement les limites convenables ?

Ô insatiable esprit d'Israël !

Non seulement nos étudiants enivrés s'abreuvent à ces sublimes discussions, mais ils y ajoutent. Ils réfutent les arrêts des anciens. Ils entrent individuellement dans des colères sans nom contre la façon de voir de telle vieille barbe. Au contraire, ils dégustent parfois jusqu'à la pâmoison la subtilité de telle autre. Si clair que soit le ciel, il est toujours un peu obscur pour un regard d'Hébreu. La vérité n'est jamais assez finement tissée pour un Juif. Et ce que ces jeunes acrobates de la pensée, ces fiévreux cérébraux apprennent ici, c'est moins la littérature, l'éthique et la morale juives qu'à devenir plus fins, plus déliés, plus pénétrants, plus prompts. Voilà du beau sport !

Ils demeurent sept années au milieu de cet incendie du cerveau, travaillant jusqu'à l'épuisement, jusqu'à l'égarement, et l'on peut dire sans forcer le ton : jusqu'à l'hallucination. Je regardais les grands, ceux de cinquième et de sixième année ; je les regardais, eux ne me voyaient pas. Je pouvais m'arrêter devant l'un d'eux comme pour lui adresser la parole : il n'avait pas d'yeux pour moi ! Possédé par son sujet, brûlant intérieurement, transi de science, il se levait du banc, non pour m'accueillir, mais criant, démontrant, sous la pression de l'idée.

C'était très beau, nullement ridicule, émouvant, empreint de grandeur et respectable comme la folie.

Leur vie matérielle n'est pas moins sensationnelle que leur vie spirituelle. Ils sortent des ghettos des Carpathes, de Galicie, d'Ukraine, et l'habit qu'ils ont à seize ans, quand ils arrivent, ils ne l'ont pas quitté à vingt-trois ans quand ils partent. Toutefois ils ont grandi. Leur croissance se mesure à la longueur des manches de leur caftan. Heureusement qu'aucun d'eux n'a grossi ! Le caftan, d'année en année, devient trop court, mais jamais trop étroit.

La *Mesybtha,* qui tire ses ressources des impôts juifs et des aumônes, leur sert un repas par jour, à trois heures. Elle ne les loge pas. Où demeurent-ils ? Ils sont gardiens de nuit dans les boutiques de Nalewki. Les commerçants ne les paient pas : ils leur donnent la niche. Quant au repas du soir, vous savez qu'ils rôdent dans les cours et marchés à sa recherche. Ils le trouvent sous la forme d'un preslé, d'une orange, d'un carré de hareng, d'un oignon. Israël, dans sa plus extrême pauvreté, a toujours eu le respect du savant. C'est son luxe. Les restes de nos tables sont pour nos chiens. Israël n'aime pas les chiens, alors les restes sont pour les étudiants.

La pureté de leurs mœurs est légendaire. Anges ils entrent, anges ils sortent. Toute la fougue de leur première jeunesse est pour le Talmud. Ils rêvent à lui seul et avec lui ils vivent et ils dorment. Si la Thora est *la Fiancée couronnée* le Talmud est *la Mariée en fleur*.

Tous ne font pas des rabbins, mais, à la sortie de la *Mesybtha,* tous embrassent le métier de gendre. Être gendre est une situation pour un jeune Juif, et quand on est un jeune Juif savant, cette situation honore la famille dans laquelle on entre. Les beaux-parents sont fiers de nourrir un pieux homme qui consacrera sa vie aux connaissances. Avoir un gendre qui sort de la *Mesybtha* de Varsovie est si flatteur que les pieux orthodoxes, de peur d'en manquer, viennent les prendre au nid. Chaque semaine, le rabbin en chef reçoit la visite de futurs beaux-pères. Il en vient même de New-York, uniquement dans ce but. C'est si vrai que nous en attendons un aujourd'hui.

Le voici. Il n'a ni barbe ni caftan. Cet Américain est un Européen. C'est la deuxième conversation qu'il va engager avec le directeur. Il offre de déposer dix mille dollars d'avance comme dot. Le chèque est prêt. Mais il hésite sur le gendre. Le rabbin en chef lui en a vanté quatre. Sur ces quatre, l'Américain en a retenu deux. Lequel des deux ? Le père spirituel de ces heureux fiancés de loterie ne veut pas peser sur la décision. Allons les voir.

Nous pénétrons dans l'un des cinq ateliers de cette usine intellectuelle. Les cerveaux tournent à plein rendement. Ces machines humaines ne regardent pas davantage le beau-père et le rabbin matrimonial qu'elles ne m'ont regardé. Elles continuent de se mouvoir follement. Est-ce cet inspiré poussant de si hauts cris qui emportera la belle vierge inconnue de New-York ? Non. Les deux fiancés sont ce petit qui a le front dans sa main et qui balance sa tête comme une pendule son balancier, et ce plus long qui, si l'on en croit ses gestes et le mouvement de ses lèvres, est en grande discussion avec un père de Babylone. Tous les deux ne sont pas gras. Heureusement que l'Américain est riche !

Le beau-père donnera sa réponse demain. Le plus petit l'emportera, je crois. À égalité de science, n'est-il pas préférable d'avoir quelques centimètres de moins à nourrir ?

À SEPT HEURES DU SOIR, les fameux étudiants lèvent le camp. Le Talmud sous le bras, ils partent à grands pas vers les magasins dont ils sont les chiens de garde. Une vendeuse de preslés, installée à l'angle de Nalewki et de Dzika, fait à l'un d'eux l'aumône d'un croissant. Il le dévore sur place.

– Vous avez faim ?
– Quand on veut apprendre, il faut souffrir.
– Vous n'avez pas l'air de manger suffisamment, reprend Ben en lui tendant une *haloukah*.
– Mon but n'est pas de manger, mais de savoir.

Et l'étudiant se perd dans Dzika, qui veut dire sauvage !

17

LA BOURSE OU LES MEUBLES

Peut-on penser qu'il soit drôle de suivre un agent du fisc qui va faire pleurer des malheureux ?

Un fonctionnaire polonais chargé des Juifs de Nalewki ne cessa de me l'assurer un soir à Varsovie, tandis qu'il neigeait et que nous buvions du Tokaï chez feu monsieur Fukiera[1].

– Taisez-vous, homme au cœur noir, lui disais-je. Le comique dans la misère n'a jamais fait qu'ajouter à la misère.

Le fiscal m'affirmait que je parlais sans savoir. Les employés de l'État polonais n'étaient pas royalement payés, mais ceux, comme lui, qui s'occupaient du quartier juif, ne pensaient pas à se plaindre. À défaut de s'enrichir, ils riaient quelques bons coups.

Quand il s'agit de rire, on n'a qu'à venir me chercher. On me trouvera debout, – même avant midi !

C'est ainsi que le lendemain matin, à neuf heures, dans le ghetto de Varsovie, entre les numéros 41 et

45, ulica Gesia un homme se bottait le derrière pour se tenir éveillé.

L'homme qui s'humiliait de la sorte, vous l'avez reconnu, c'est ce martyr de grand chemin, ce pauvre voyageur qu'on ne laisse plus dormir son saoul et que les directeurs de journaux mettent sur les routes par 36° de froid comme s'il était un Esquimau !

Ce matin, il ne faisait plus que – 7°. On en frétillait de contentement. J'allais et venais martialement entre ce 41 et ce 45. J'avais l'air d'une sentinelle désarmée montant une garde farouche. Qu'une telle attitude n'eût pas déjà jeté l'émoi dans ulica Gesia, vous ne le croiriez pas. Les Juifs m'observaient anxieusement du pas de leurs boutiques. Depuis huit jours qu'ils me voyaient rôder, m'arrêter, pénétrer dans leurs cours, ma silhouette les obsédait. Quelle catastrophe sortirait de cette méticuleuse inspection ? Portais-je une bombe dans ma poche ? Si oui, de quelle espèce ? Politique ? Économique ? Religieuse ? Combien m'avaient suivi pour essayer de percer le mystère ! Dès que je me retournais sur eux, ils se détournaient, levant subitement la tête, et semblant, d'un nez indifférent, chercher la direction du vent. Voilà que, ce matin, je limitais le champ de mes observations ! Je concentrais mon feu sur trois immeubles ! Malheureux Juifs des 41, 43, 45, qu'avez-vous fait au Seigneur ? La paix ne sera donc jamais sur vous ? Sur vous et sur nous ? Qui pourrait affirmer, en effet, que l'après-midi le mystérieux étranger ne changerait pas de trottoir ? Et les caftans se rapprochaient des caftans. De petits conseils de guerre se tenaient. Sous le hochement des têtes, les disques des casquettes plates fermaient et ouvraient simultanément les voies de la crainte ou de l'espérance.

Mon fonctionnaire n'arrivait pas. Je savais que ulica Gesia voulait dire rue de l'Oie. M'aurait-il pris pour le parrain de l'ulica ?

Un char de paysan traîné par un cheval qui avait dû vivre loin du foin, se rangea devant le 43. Je compris que cette voiture de déménagement était celle du fisc polonais. Armé d'une redoutable serviette, mon homme apparut. Nous nous serrâmes la main. L'inquiétude des Juifs ne connut plus de bornes. Sous leurs regards agrandis, nous entrâmes au n° 41.

Le char du fisc démontrait que la trésorerie de Varsovie avait atteint les limites de l'intimidation. Ou l'argent, ou les meubles. Qui donc a dit qu'il ne fait pas humide lorsqu'il gèle ? Ce météorologiste n'avait point passé l'hiver à Nalewki. Cette maison poisse d'humidité. C'est pauvre ! C'est triste ! Le soleil est si beau, là-bas, en Palestine !

Nous commençons par le premier étage. Coups dans la porte. Silence. Nouveaux coups du cocher qui nous accompagne. Nouveau silence. Le fisc prend alors sa grosse voix et parle en polonais. Un enfant tout petit vient ouvrir.

Contre la fenêtre, cinq enfants suivent un doigt qui marche sur un Talmud. C'est le doigt d'un magnifique vieillard. Sans relever son doigt, le vieillard nous regarde. Le fonctionnaire lui présente une quittance de trente-trois zloty. Le vieillard la contemple.

– Vous êtes bien Isaac Goldschmitt, professeur de religion ?

Le fonctionnaire agite sa feuille comme pour inciter l'autre à la prendre.

– Je ne sais pas lire le polonais.

Le charretier est aussi interprète. Il lui parle yiddisch.

– Pourquoi dois-je payer ? demande le vieillard. Et, montrant sa barbe : Pour elle ? Et, montrant les enfants : Pour eux ?

– Où sont les meubles qui étaient ici voilà quinze jours ?

– Ils sont chez de plus heureux, honorable fonctionnaire !

– Vous les avez mis à l'abri chez un voisin, comme toujours ?

Le professeur désigne son Talmud et dit :

– Voyez comme il est usé, heureusement, je vais bientôt mourir !

Le Polonais lui fait dire qu'il n'est pas croque-mort, mais agent du fisc.

Alors le vieillard tend sa barbe et la lui offre.

– Je devrais vous la couper et l'emporter.

– Le Seigneur (béni soit son nom), le Seigneur vous punirait, honorable fonctionnaire !

On n'insista plus. Nous allâmes en face.

Surprises, deux femmes jettent un châle sur leurs épaules. Le fonctionnaire s'assied sur le lit pour marquer qu'il n'est pas pressé. Une femme prend la quittance et regarde le ciel.

– Quarante zloty ! répète-t-elle.

Elle part dans une autre pièce. Nous attendons. Elle revient et dit : Voilà !

Elle offre cinq zloty.

– Quarante, madame, quarante !

Elle repart, revient et ajoute trois zloty.

– Quarante ! madame.

Elle se pose sur le lit à côté de nous. Elle marchande.

Le fonctionnaire lui dit que l'impôt n'est pas un hareng.

Elle repart, revient et apporte deux zloty.

– Enlevez les chaises !

Avant que le cocher ait pu s'en saisir, les deux femmes sont assises dessus.

– Enlevez le buffet !

Traînant les chaises, les femmes se précipitent devant le meuble.

Un homme entre :

– Monsieur le fonctionnaire, nous ne parlions que le russe voilà dix ans. Sachant que la Pologne serait heureuse d'entendre les Juifs parler polonais, nous avons appris le polonais. Cela ne vaut-il pas quarante zloty ?

– Monsieur Rappoport, je fais enlever vos meubles.

L'homme jette un cri de pitié. Le fonctionnaire et le cocher rient.

– Qu'a-t-il dit ?

Il plaint le cheval. Il dit : Pauvre cheval polonais, avec toi, bête innocente, nous allons partager le mal !

Rappoport extrait dix zloty de la poche de son caftan et dit que si l'honorable fonctionnaire veut bien repasser dans un mois, il lui donnera peut-être plus qu'il ne demande, car il a de grandes idées commerciales, et d'ici là il sera sans doute plus riche que tous les usuriers, ses compatriotes, qui habitent déjà rue Sainte-Croix.

Le fonctionnaire accepte.

Deuxième étage. Là, si les renseignements sont bons, je dois voir du nouveau. La quittance est de cent vingt-cinq zloty. Aimable réception par une jolie juive. Elle montre les deux pièces et dit être seule à la maison. Le fonctionnaire tâte de la main le papier du mur. Les rouleaux de papier sont collés les uns aux autres, mais l'ensemble adhère mal au mur. On déplace un meuble qui montait la garde au milieu du panneau, puis on arrache quelques clous dans un angle. La tapisserie artificielle s'affaisse, on n'a plus qu'à pousser une porte qui se démasque. Nous sommes dans un petit atelier où deux hommes, devant deux machines, tricotent des bas.

Un appartement sur quatre est ainsi truqué. Le Juif est à la fois industriel et débitant. Il confectionne à domicile et vend dans son panier. Ni usine, ni boutique, ni patrons. Indépendant selon sa loi et secret selon la prudence.

L'un des deux hommes compte cent vingt-cinq zloty et les remet contre quittance. Aux reproches de l'employé, il répond que son logement n'a rien de mystérieux. Il s'est ainsi muré, avec son fils, pour éviter le bavardage des femmes !

L'immeuble retentissait de la présence du fiscal. Les portes claquaient. Sur le plancher, les meubles qu'on remuait grondaient. Une chasse à courre dévalait l'escalier. Avant que l'on eût atteint le troisième étage, deux femmes, secouant chacune un bébé juif au bout des bras, barrant le palier, poussaient à notre adresse d'effroyables lamentations. Effrayés, les enfants mêlaient leurs cris aux cris des mères.

– Elles disent, traduisit le cocher, que les bébés vous supplient de ne pas prendre leur berceau.

– Ne voulez-vous pas secouer ces enfants de cette sorte, furies !

Elles gagnèrent leur cause. On ne s'arrêta pas chez elles.

En face, un vieillard nous attendait. Ses fils avaient sûrement fait partie de la chasse à courre et promenaient à cette heure leur âme anxieuse dans Nalewki. Ce père portait l'une de ces têtes de ghetto, pures, belles, loin de notre époque, la tête que Michel-Ange fit à Moïse, mais vieillie dans l'attente des prophéties. Son regard, dégagé de toute préoccupation humaine, accompagnait de sa candeur le regard du fiscal fouillant les pièces. La saisie n'ayant pas payé, nous allions sortir, quand le modèle de Michel-Ange tendit la main.

– Quoi ? il nous demande l'aumône, maintenant ?

– Hé oui ! fit le cocher, il dit qu'on ne réclame pas d'argent à un vieux saint, mais qu'on lui en apporte !

Nous passâmes au numéro 45.

Un épicier qui vendait du sel et des harengs – le sel n'étant autre que celui des tonneaux de harengs, ce qui peut vous donner un avant-goût des soupes ! – leva les bras en apercevant le fonctionnaire. Il devait avoir abattu, pour aujourd'hui, un certain galandage de briques murant l'entrée d'une pièce secrète. Lui niait, bien entendu, la pièce secrète. Il n'en avait jamais eu connaissance, sa femme non plus, son père encore moins. Si, du temps des Russes, d'anciens locataires avaient truqué le logement, en était-il responsable ? On lui demandait dix zloty pour faire une brèche dans ce mur : que le gouvernement polonais lui avance ces dix zloty et tout sera prêt dans quinze jours !

– Vous saisissez leur manière ? Nous venons exiger une dette, ils s'arrangent pour vous faire un emprunt !

Il devait quarante-cinq zloty au fisc. De sa porte, il appela des Juifs qui observaient sur le trottoir d'en face. Les appelés accoururent. Chacun fouilla son caftan. La collecte rendit dix-huit zloty. Il prit dix zloty dans son tiroir et, joignant les mains, il émit un cri de supplication. Il demandait grâce pour le reste, pitié pour son vieux père. Un par un, il tirait ses tiroirs pour montrer qu'ils étaient vides. Il alla dans la pièce du fond, décrocha un portrait et nous l'apporta : le portrait de Pilsudski. Il aimait Pilsudski. Son fils comptait en polonais et le parlait. N'était-il pas lui, le père, un bon sujet ?

– Encore dix-sept zloty, monsieur Jehuda Mond ?

Montrant ses tonneaux de harengs :

– Alors, prenez le reste en marchandises !

– Dix-sept zloty ou j'enlève les harengs ! Comme le cocher chargeait déjà, M. Jehuda Mond tira de sa poche un billet de cent zloty et, retrouvant toute sa dignité, il attendit d'un air impatienté de créancier que le fisc voulût bien lui rendre sa monnaie !

Quatrième étage. Sept personnes dans une grande pièce, dont trois jeunes garçons. La mère et la fille en larmes. Deux Juifs en caftan, étendus mollement chacun sur une chaise. Les trois jeunes garçons qui lisent le Talmud, ne se sont même pas aperçus de notre arrivée. La quittance est de cent dix-sept zloty. Ce sont des impôts dus depuis quatre ans. Le fonctionnaire prie les femmes de vider les tiroirs des meubles. Les femmes ont offert quarante zloty que voici posés sur la table. Elles vident les tiroirs en poussant des gémissements. Les deux caftans ne veulent rien voir de la scène. Ils contemplent leurs mains qu'ils font danser devant leurs yeux. Les femmes sanglotent. Les trois jeunes garçons se dandinent, complètement pris par l'hébreu. Les femmes enlèvent les rallonges des tables. Les caftans ne voient toujours rien et les enfants s'excitent de plus en plus sur le saint livre. Le fonctionnaire ordonne d'ouvrir les armoires. Les femmes s'agenouillent. Et comme elles sanglotent à grand bruit, les trois jeunes garçons élèvent le ton de leur étude.

Le cocher, qui a trouvé des aides, descend d'abord le buffet. Les femmes poussent des cris terrifiants. Les deux caftans ne bronchent pas. Les trois garçons lisent de plus en plus haut. Puis on enlève l'armoire, la table, un fauteuil. On déplace le chandelier rituel qui n'est pas saisissable et l'on embarque le meuble qui le supportait.

Maintenant la salle est vide.

Alors, l'un des deux caftans se lève ; il constate que le fonctionnaire a parlé sérieusement. D'un geste noble, il tire de sa poche deux billets de cent zloty et dit : « Voilà ! »

On remonte le mobilier.

Les femmes ont pleuré pour rien.

Les trois jeunes garçons ont continué d'étudier.

Le père ramasse le chandelier à sept branches et le repose pieusement sur le meuble revenu !

---

1. Célèbre maison de vins, à Varsovie.

18

CHEZ LE RABBIN MIRACULEUX

Le vendredi après-midi, à Varsovie, des autobus attendent, au bout de la ville, en un endroit qui s'appelle Union de Lublin.

Des porcs menés à la foire ne trouveraient pas ces véhicules très confortables.

Ce sont les voitures de Goura-Kalvarya.

À vingt mètres de cette station, une petite gare abrite un petit train. Le petit train, dans sa course, s'arrête aussi à Goura-Kalvarya.

La place et la gare grouillent, ce jour, de Juifs en caftan et en casquette plate. Un paquet à la main, la mine affairée, remplissant l'air de leur yiddisch, ils assaillent wagons et autobus.

Ils vont *faire sabbach* chez l'illustre rabbin miraculeux de Goura-Kalvarya.

Goura-Kalvarya, le mont Calvaire, est un village sis à trente kilomètres de Varsovie. Deux mille habitants, mais l'un des nombrils de la juiverie orientale.

Là, le fameux zadick Alter, successeur de Bal Chem Tov, celui qui s'en alla porter le Zohar en voiture à travers les Carpathes, cherche le contact avec Dieu, tout comme nos amateurs de T. S. F., chaque soir, cherchent les ondes. Et Bal Chem Tov, ai-je dit quelque part, fut le premier rabbin miraculeux. Et rebbe Alter, zadick de Goura-Kalvarya, mon ami, en est un autre !

Mon ami ? Il faut le croire, puisqu'il n'hésita pas – enfin pas très longtemps – à rompre une conversation céleste pour en avoir une avec moi. Est-il plus d'un *goye* par année qui se puisse vanter d'un honneur semblable ? Approcher des rois, d'illustres personnages, confrères, cela n'est rien ; mais un saint ?

S'il s'agit de saints catholiques, nulle difficulté. Ils sont morts, eux ! Il suffit d'entrer dans les églises et de parler à leur statue. Tout homme qui a perdu un sou peut rendre visite à saint Antoine de Padoue. Les saints juifs sont vivants. Et c'est une longue affaire pour leur serrer la main !

Le Tout-Varsovie juif travailla huit jours en ma faveur. Grand rabbin, célèbres avocats et médecins téléphonaient au mont Calvaire. Au sixième jour, les parents du saint n'avaient pu encore communiquer avec lui. Son corps était bien à Goura-Kalvarya, mais son esprit était absent. Il errait dans ces nuages visibles à nos yeux, mais qui nous cachaient le prophète Élie, justement descendu au-dessus de la maison de rebbe Alter, pour que l'esprit de rebbe Alter montât s'entretenir avec lui.

— Envoyez un message par sans-fil, dis-je à mon avocat, c'est le moment ou jamais !

Le septième jour, l'esprit de rebbe Alter réintégra son corps. Élie avait dû être de charmante humeur, du moins je le suppose, car le zadick répondit : « L'étranger peut venir. »

Le huitième jour...

J'arrivais à Goura-Kalvarya.

Par Abraham, je connaissais ce pays ! C'était ici, voilà trois ans, lors du coup Pilsudski, que cent vautours s'étaient abattus sur ma voiture, de ces vautours à pied à qui vous savez aujourd'hui que les Juifs orientaux ressemblent étrangement. Mais aujourd'hui, ils ne m'effrayèrent pas. En deux mois, on s'acclimate à l'ombre des barbes et le long des caftans. Voici l'unique rue, la petite place, les mêmes femmes en perruque derrière les carreaux.

– Êtes-vous donc venu ici ? Ces deux-là disent vous avoir déjà vu, fit Ben.

Ces Juifs étudient le passant avec tant d'application que trois ans après ils le montrent du doigt !

Nous voici au pays d'un zadick. Israël possède une douzaine de rabbins miraculeux. C'est peu pour six millions de fidèles. (Nous ne comptons pas les Juifs d'Occident et d'Amérique, pour qui la parole des puissants du jour est plus suave que celle du prophète Élie !) Sur ces douze sièges de *Wunderrabbi*, quatre sont de grande dynastie : Alexandrow, Radzimen, Bels et Goura-Kalvarya, car la fonction de rabbin miraculeux est héréditaire. Qu'est un zadick ? C'est l'interprète terrestre de la volonté de Dieu. Par la solitude, il entre en contact avec l'Éternel. Celui de Kotzk (Pologne), dit le Grand Silencieux, n'est-il pas resté muet et enfermé trente années ? La mission d'un zadick est de diriger le peuple d'Israël. Tsars, rois, dictateurs peuvent parler, le zadick aura le dernier mot. Il est aussi guérisseur. Il discipline les maladies nerveuses. Il chasse le Dibbouck (l'esprit tourmenté d'un mort) du corps du possédé. Sa grande spécialité est de rendre la femme féconde. Il y réussit de temps en temps... Chaque rabbin miraculeux est, bien entendu, l'ennemi des autres rabbins miraculeux. Bienheureux les villages qui les voient naître. La bénédiction du Seigneur est sur eux, bénédiction complète, allant du spirituel au matériel. Le pain blanc du sabbat et même celui des autres jours peut-il manquer autour d'un zadick ? Les aumônes pleuvent chez le faiseur de miracles. L'une des plus étranges, et qui me semble inédite, est le tant pour cent qu'il touche dans les affaires commerciales et industrielles. Avant toute entreprise, les pieux Juifs promettent mentalement 10% des bénéfices au zadick. Aussi voit-on débarquer à Goura-Kalvarya ces débiteurs magnifiques venant payer la dette miraculeuse. Cinquante mille francs de bénéfice, donc cinq mille francs pour le zadick !

Lors des grandes fêtes de printemps et d'automne, les Juifs des pays de l'Est se mettent en route vers ces saints hommes. Ils vont à eux comme les musulmans vont à la Mecque. Dix mille, quinze mille débarquent pour Pâque ou pour Kippour à Goura-Kalvarya et y dressent leurs tentes. De même qu'à la sortie d'Égypte, ils campaient dans le désert, autour de Moïse, ils campent de nos jours dans les plaines de Pologne autour de la maison du zadick. Et c'est l'occasion de fameux repas selon Bal Chem Tov. Peut-on prétendre avoir vu quelque chose tant que l'on n'a pas vu les Juifs en furie se disputer sauvagement les arêtes des carpes, déchets de l'assiette du saint vivant ?

Ulica Pijarska. Nous sommes certainement dans le bon chemin, puisque c'est la seule rue de Goura Kalvarya. C'est dimanche. Les Juifs qui sont venus faire sabbat chez le zadick regagnent la gare. Nous viendrions assassiner le saint qu'ils ne nous regarderaient pas d'un œil plus méfiant.

– Oui ! leur dit Ben, nous allons le voir, nous aussi. Et même nous le toucherons !

– Dites-leur que je lui arracherai un poil de sa barbe.

– Taisez-vous, on nous lapiderait.

Et nous voici chez son beau-frère, le grand introducteur des ambassadeurs. Fantastique maison ! On a si vivement l'impression d'entrer de plain-pied dans un tableau de Rembrandt qu'on s'arrête pour ne pas crever la toile. Là, dans un coin, un extraordinaire prophète, la tête recouverte du taliss, la boîte de prière sur le front, un bracelet de cuir au bras gauche, est assis dans une cathèdre vermoulue et, un seau d'eau à sa droite, dessine lentement des caractères hébraïques sur un parchemin. Plusieurs plumes et différentes encres sont devant lui. C'est l'un de ces fameux séphorim, un écrivain de Thora. Ne bougeons plus. Admirons-le. Chaque fois qu'il doit écrire le saint nom de l'Éternel, il élève le regard, bénit Jéhovah, lave sa main dans le seau d'eau et change de porte-plume. Parfois, sa mission s'annonçant plus redoutable, il quitte sa cathèdre et va se plonger tout entier dans le bain rituel. Puis le copiste de Dieu s'essuie, se rhabille, remet son taliss, sa corne et reprend sa plume.

Le beau-frère du zadick est un homme vingt fois aimable. Il nous fait admirer des Talmuds de mille ans. D'avoir été tant feuilletées, les pages en sont usées comme les marches d'un très vieil escalier. Il nous confie aussi que le rabbin miraculeux n'est pas un solitaire... Il vient de passer une troisième fois sous le dais, et sa nouvelle épouse est gaie comme un oiseau et non moins agréable que le vin chaud de Sion. Jérusalem le vit à deux reprises, et chaque année il se rend aux eaux de Marienbad. Il a des correspondants dans le monde entier, jusqu'en Amérique, et puisque je suis de Paris, sais-je où se trouve la rue Lamartine ? Eh bien ! le correspondant à Paris du rabbin miraculeux habite 28, rue Lamartine. Je n'ai pas appris cette nouvelle sans une certaine jubilation. Désormais, quand je rencontrerai un ami juif rue Lamartine, je penserai qu'il va promettre 10% de ses bénéfices au sorcier de Goura-Kalvarya !

Pour le moment, traversons la rue Pijarska. La maison du saint est en face.

C'est une ferme à l'intérieur d'une cour. Dans cette cour, cinq Juifs immobiles font les cyprès. Nous gravissons deux marches, nous traversons une antichambre, nous croisons trente Juifs le feu aux yeux, peut-être trente débiteurs ! Le beau-frère pousse une porte. Nous voici dans l'école particulière du saint, sa *yeschiba* privée. Adolescents et vieillards sont penchés sur le même Talmud ou le même Zohar. Une ferveur identique anime celui qui est près de sa naissance et celui qui est près de sa mort. Les têtes sont jusqu'ici les plus sensationnelles de mon voyage. Celui-ci ressemble à un mouton mérinos ; ce chauve à un vieux condor. On croirait que l'un va bêler et l'autre battre des ailes. Et le beau-frère pousse une seconde porte. Au fond d'une grande pièce nue, un homme assez court, tassé, bien nourri, coiffé d'un bonnet de haute fourrure, les deux mains comme Napoléon, debout près d'une fenêtre donnant sur un tas de fumier, nous regarde venir la lippe aux lèvres.

C'est le zadick.

Sa barbe est blanche et son regard a la dureté du diamant. Un regard qui invite l'esprit du visiteur à faire un rétablissement.

Pas une chaise dans cette salle du trône. Sa table, son fauteuil, rien d'autre. Cette puissance ne veut rien devoir à l'extérieur.

Nous voilà en face de lui. Il interroge son beau-frère. Il me tend la main. Quant à Ben, il n'a droit qu'à un geste méprisant du petit doigt. Si je suis un chien, Ben est un animal pire : un Juif qui a coupé sa barbe n'est pas très loin du porc. Les politesses traduites, je dis à Ben : « Il vous lance le mauvais œil, mon vieux ! ».

Le zadick ne répond pas à ses questions.

Ben est vexé. Il me dit qu'on n'a pas idée d'un bouddah pareil ! Et qu'il va lui parler hébreu, pour lui montrer qu'il en sait autant que lui.

– Puisqu'il est allé en Palestine, qu'il nous dise sa pensée sur le sionisme.

Ben pose la question.

Le son de l'hébreu chatouille l'oreille du saint. Il répond. Ben fait la grimace.

— Que dit-il ?

— Il dit que l'hébreu est la langue des prières et non celle des visites ! Je vais lui demander, moi, quelle langue il parle avec le prophète Élie !

— Dites-lui plutôt que j'ai vu une misère épouvantable chez ses Juifs et que je voudrais avoir son opinion là-dessus.

— Il répond qu'il faut compter sur Dieu seulement.

— Et sur l'argent ?

— Sur l'argent juif seulement.

— Et sur la Palestine ?

Ben est enchanté d'insister. On voit que ce sujet embarrasse le zadick, qui détourne la tête.

— Vas-y Ben !

Rebbe Alter, habitué à converser avec le prophète Élie, n'est pas de ceux qu'un misérable petit Juif des Marmaroches déconcerte longtemps. Il se retourne, foudroie d'un regard d'aigle mon cher rouquin, et lâche une phrase.

— Il répond que les hommes ne vont pas donner des leçons à l'Éternel.

Se tournant vers moi, le rabbi me fit une espèce de sourire et m'enguirlanda de quelques mots yiddisch.

— Il dit qu'il est content de votre visite. Bref ! le saint nous avait assez vus !

Ne sachant où trouver un cierge, que j'eusse allumé en m'en allant, je cherchai le tronc pour y laisser au moins tomber quelque aumône. Je ne sus le découvrir. Alors, je pris congé.

– Tendez-lui au moins un doigt, dis-je à Ben, qui filait comme un mal élevé.

– Il peut bien monter au ciel, ce n'est pas ma main qui le retiendra !

Et nous quittâmes la maison du miracle, un regard de fer nous poussant aux reins.

19

ADIEU ! BEN !

On va se quitter, mon cher Ben. Évidemment nous ne pleurerons pas ; cependant nous sommes devenus de grands amis depuis la soirée de Mukacevo où vous avez voulu me prouver que les perroquets nichaient dans les Carpathes. Avons-nous eu assez froid ensemble ! Notre Juif errant des Marmaroches, où peut-il être à cette heure ? Est-il arrivé ? En quel pays ? A-t-il vendu ses bougies ? Et le débarquement à cinq heures du matin à Oradea-Mare, votre bosse au dos ? Nous n'avons pas replacé la *Mézuza,* c'est une petite mauvaise action. Vos parents de la *Galanterie* frémissent-ils toujours au souvenir des pogromes ? Peut-être reverrai-je le pionnier de Kichinev à Jérusalem ? Savez-vous que, dans sa fureur antisioniste, l'horloger de Cernauti a définitivement saboté ma montre ? Ces pauvres Juifs de Lwow, tout de même ! Et ceux de Cracovie ? Quel dommage qu'ils refusent de se laisser photographier. J'ai raté les plus beaux. Et Nalewki ? Si le rabbin miraculeux avait été moins intolérant à votre endroit, tout se serait bien passé, en somme. Et voilà que vous allez rejoindre votre Russie sud-carpathique...

Nous marchions dans Varsovie, Ben et moi.

– Quand vous serez en Palestine, me dit-il, vous regarderez de tous vos yeux et vous m'écrirez de là-bas si la tentative vaut le dérangement.

– Vous êtes un homme de peu de foi !

– Je suis un Juif qui cherche son chemin.

– Vous l'avez trouvé en Tchécoslovaquie.

– Quand un alpiniste de chez vous couche au refuge, dans la montée, croit-il avoir atteint le sommet du mont Blanc ? Pour nous, Juifs de cette partie de l'Europe, le mont Blanc est encore dans les nuages. Moi je me suis réfugié dans les Marmaroches. D'autres sont restés en Russie, en Pologne, en Roumanie. Mais que notre état, momentanément sédentaire, ne vous abuse pas. Aucun de nous ne se sent arrivé. Nous sommes encore tous en marche vers un pic inaccessible.

– Vous, peut-être ?

– Tous ! Le temps n'a apaisé l'âme d'aucun de nous.

– Je me rappelle cependant qu'à Whitechapel j'ai entendu quelques familles regretter la Russie. « Ah ! si nous avions pu rester en Russie ! » me disaient-elles.

– C'était un aveu et non un regret. Regret, d'ailleurs, ne veut pas dire attachement. On regrette souvent une situation qui était loin de vous satisfaire. Les Juifs de Russie ? Ils savent qu'ils profitent d'une trêve. Le bolchevisme leur apporta la paix. Tout régime qui succédera au bolchevisme leur apportera la guerre. Ils feront les frais de la débâcle. Les pogromes de Petlioura seront dépassés. Tous le savent, et ce sera épouvantable. En Pologne ? Situation plus mauvaise qu'elle ne l'a jamais été. Hostilité ouverte en Roumanie. Neutralité, mais abandon en Tchécoslovaquie. Voilà le cadre ! Qui n'en voudrait sortir ?

– Le peuple juif, mon cher Ben...

– Le peuple juif est comme les autres peuples. Il a ses satisfaits et ses malheureux. Et les satisfaits ne s'occupent pas des malheureux. Ce qui le distingue, c'est d'avoir été écartelé. Toute nation a son image. Vous n'avez qu'à regarder les pièces de monnaie. Elles sont frappées tantôt à l'empreinte d'un coq, d'une tête de femme, d'un faisceau, d'un aigle, d'un roi. L'image du peuple juif devrait être cubiste : les bras d'un côté, la tête de l'autre, les jambes dans un coin et le tronc absent ! Les Juifs d'Amérique et d'Europe occidentale représentent la tête. Les sept millions sis en Russie, en Pologne, en Roumanie sont le tronc. Ceux qui, comme moi, se sont mis en marche vers je ne sais quoi, sont les jambes.

– Et les bras ?

– Ce sont tous les misérables qui vous les ont tendus. La tête, elle, a changé de corps. C'est la plus magnifique réussite chirurgicale que je connaisse. La tête nous a quittés, un jour, emportée par deux ailes, et, s'étant multipliée dans son voyage, s'est allée poser sur les épaules de l'Angleterre, de la France, de l'Allemagne, de l'Amérique. Depuis, nourrie de sang étranger, elle nous a complètement oubliés. Quand de cruelles convulsions agitent le tronc, elle n'entend même pas ses immenses soupirs. Nous sommes bel et bien divisés en quatre :

1° Les Juifs de chez vous : les assimilés ;
2° Les Juifs d'ici : les emprisonnés ;
3° Les Juifs de Palestine : les illuminés ;
4° Les Juifs comme moi.

– Les alpinistes ?

– Un alpiniste qui n'a pu jusqu'ici gravir que les Carpathes ! Vous vous souvenez de la fameuse école de la rue Saint-Georges, de ces étudiants en papillotes et en chapeau rond ? Je fus l'un de ces étudiants. Vous pouvez me regarder ; mon front ne me démentira pas. J'ai mendié dans Nalewki le pain de ma jeune science. Les nuits, j'ai gardé la boutique d'un marchand de nippes dans un cul-de-sac de la rue de l'Oie. Quatorze heures par jour j'ai bu le Talmud à plein goulot et, voilà dix ans, vous m'auriez vu tanguer, ivre autant que les autres, sur un banc de la *Mesybtha*. J'étais parti pour être un Juif emprisonné, emprisonné par sa religion et par la Pologne, mais on ne m'a pas trouvé de femme, et je me suis réveillé devant le rabbinat. Je n'oublie pas mon arrivée dans la communauté de Podosk : un village dans la boue, deux chiens affamés cherchaient en tremblant une nourriture urgente. Une paysanne polonaise essuyait, de l'intérieur, la vitre de sa fenêtre. Un Juif poussait une voiture remplie de peaux de mouton. Et je vis des maisons de bois coiffées de chaume. Voilà où me conduisaient six années de folles études. Mon corps en frissonna dans son caftan. Rabbin ? Guide d'Israël ? Et où donc ? Ici ? Pour trente, quarante ans, jusqu'à ma mort ? Je me sentis si *nebbich,* si pauvre homme que, tout en marchant vers ma future bergerie, je disais : Non ! Non ! Non !

La première nuit, dans ma *Chata* (isba) décida de moi. En rêve, je vis le monde. Puisque je n'avais pas de patrie, ne pouvais-je en choisir une ? Les grandes bornes de notre espérance dansèrent devant mes yeux : Londres, Paris, New-York, Berlin ! Quitter le caftan, couper mes papillotes, m'assimiler, moi aussi ? Ma mémoire avait été si bellement entraînée dans cette *Mesybtha* que j'apprendrais tout en une seule journée, et le français, et l'anglais, et l'espagnol, et les manières de chacun des peuples, et comment me tenir dans un veston. Je bouillais, et l'esprit religieux s'échappait de moi.

Je passai une semaine à Podosk. Et sans prévenir, attiré par l'inconnu, je repris le train pour Varsovie. Que je vous raconte : je me rendis au marché du bout de Zoliborska, là où l'on retire les habits du four à désinfecter pour les mettre sur son dos. J'acquis mon premier veston ; il était vert ; mon premier chapeau ; il était gris. Et comme mon pantalon était un peu jaune, je ne représentais pas un Européen très élégant. Se couper les papillotes, c'est quelque chose comme commettre un sacrilège. Pourtant ! Une glace de Nalewki me dit que je ne pouvais plus promener une tête de Juif sur un costume de Polonais. Les deux grandes larmes de cheveux qui tombaient de mes tempes démentaient chapeau et veston, cette première assimilation ! C'est un marchand de la rue Pauska qui me les coupa. Et comme Pauska veut dire gentilshommes, il ne manqua pas de me faire remarquer que je n'aurais pu choisir meilleure rue pour entrer définitivement dans le monde.

Et je me trouvai devant la vie.

Ma conscience a-t-elle protesté de voir que je n'étais plus en règle avec la loi hébraïque ? En prêtant bien l'oreille, je crus, en effet, l'entendre me parler durement. « Mon garçon, me dis-je, ne l'écoute pas ; jusqu'à présent, tu as fait du luxe, tu as appris à vivre dans un pays qui n'existe pas. Tu sais te conduire par rapport à Moïse, mais quels rapports le monde a-t-il maintenant avec Moïse ? »

Et je fus précepteur chez des juifs hongrois. Je les suivis en vacances en Italie. Avec l'argent économisé, je m'arrêtai six mois à Grenoble où j'appris le français. Des Espagnols en villégiature à Uriage m'emmenèrent à Barcelone. Je vins à Vienne. De Vienne à Prague. Vous m'avez rencontré dans les Marmaroches. J'ai flairé partout et je n'ai pas encore trouvé mon os. Mon frère de New-York ne me fait pas signe. J'ai raté un départ pour le Brésil. J'ai trente ans et je couche encore sous les ponts des nations !

— On tâchera de vous trouver un lit, Ben.

— Heureux vos Juifs à vous qui se sentent chez eux ! Nous tous, ici, nous ne sommes pas chez nous. C'est pourquoi nous devons surveiller nos mouvements, nous tenir toujours comme en visite, être plus polis que quiconque. On dit que nous sommes obséquieux. Nous sommes simplement des hôtes où que nous soyons. Quand on est chez soi, dans sa demeure, on fait ce que l'on veut. On est libre de déjeuner en bras de chemise. Un invité, même un cochon d'invité comme nous, doit être plus correct. Savez-vous que les Juifs de ma catégorie sont les plus malheureux ? Les religieux attendent le Messie. Les assimilés deviennent lords en Angleterre ou députés en France. Les sionistes marchent vivants dans leur rêve, mais nous, les déserteurs du ghetto ? Nous sommes les vrais Juifs errants.

C'est pourquoi rien ne me met davantage en colère, tenez, que ces compatriotes qui s'installent dans le luxe. Croient-ils donc demeurer jusqu'à la fin des siècles dans les pays où ils respirent par hasard ? Un peuple comme le nôtre doit avoir son bâton à portée de la main, car les lois des pays qui l'ont recueilli deviennent parfois si mauvaises pour lui qu'il lui faut aller chercher sa vie ailleurs. Ce peuple-là ne doit donc pas gaspiller son argent, mais le garder pour fuir. L'argent, c'est le passeport du Juif.

Je regardai mon compagnon, mon rouquin si subtil, qui, depuis deux mois, me jouait de son intelligence comme un musicien de son violon.

– En résumé, que désirez-vous, Ben ?

– Si le sionisme a de l'avenir, ne manquez pas de me l'écrire de Jérusalem. J'irai là-bas. Et, Juif, je vivrai en Juif. Sinon, pensez à moi quand vous reviendrez à Paris. Je parle treize langues. Dans une compagnie de navigation, par exemple, croyez-vous que je serais de trop ? Je deviendrais aussi bien Anglais, mais puisque vous êtes Français et que vous m'offrez vos services...

Nous marchions dans Marszalskowska, direction du *Bacchus*, qui est un fameux restaurant de Varsovie. Ben acheta un journal yiddisch et le parcourut.

– En quelle année croyez-vous être ? me demanda-t-il.

– En 1929.

– Nous sommes en 5690.

Et il me montra le chiffre sur la manchette.

– Pour les lecteurs de ce journal, le monde commence avec Adam. C'est juste, mais je vous prie de prêter attention à la chose. C'est peut-être l'éclair déchirant tant d'obscurité. Aux Marmaroches, en Bessarabie, en Bukovine, en Galicie, dans Nalewki, hier à Goura-Kalvarya, nous étions en l'année 5690. Et dans quinze jours, quand vous débarquerez en Palestine, vous serez en l'an X du sionisme. Ne perdez pas de vue ces deux points.

Un pied sur Adam, un autre sur lord Balfour, quel écart ! Je sentis immédiatement le besoin de reprendre équilibre. Nous arrivions fort bien à la porte du *Bacchus*. Les deux hommes qui avaient perdu leur millésime la poussèrent. Peut-être y retrouveraient-ils l'année 1929 au fond d'une bouteille – ou, s'il le fallait, d'un tonneau !

20

LA TERRE PROMISE

Voilà le soleil ! J'ai quitté, à Varsovie, l'année 5690. J'entre dans l'an X.

Quinze jours sont derrière nous. J'ai fait un petit voyage. La Méditerranée est traversée. Le *Sphinx*, non celui d'Égypte, mais celui des Messageries Maritimes, se balance face à Jaffa. Je suis sur ce *Sphinx*. Devant nous : la Palestine.

« Vos déserts, vos solitudes et votre terre pleine de ruines seront trop étroits pour la foule de ceux qui, un jour, s'y viendront établir. »

Ainsi parla Isaïe, l'an 25 du règne d'Ozias, l'an du monde 3219.

« Le gouvernement britannique verra favorablement l'établissement en Palestine d'un foyer national pour le peuple juif et emploiera tous ses efforts pour en faciliter la réalisation. »

Ainsi parla lord Balfour, l'an 9 du règne de George V, l'an de Jésus-Christ 1919.

« Le gouvernement de Sa Majesté considère que la réalisation du désir du docteur Weismann que la Palestine devienne aussi juive que l'Angleterre est anglaise est impraticable et il n'a pas cet objet en vue. Il n'a pas davantage et à aucun moment, comme la délégation arabe semble le craindre, envisagé la disparition ou la subordination du peuple, de la langue ou de la culture arabe en Palestine. »

Ainsi parla Churchill l'an 12 du règne de George V, l'an de Jésus-Christ 1922.

« Herzl ! Herzl ! voici ton rêve réalisé ! »

Ainsi parla M. Isaac Cahen, passager du bateau *Sphinx* en vue de la Terre Sainte, l'an 4 de Doumergue, l'an de Jésus-Christ 1929.

Depuis, personne ne parla plus.

CES BATELIERS arabes vont laisser tomber ma valise à la mer. Pas si vite ! Ne vous bousculez pas ! Ah ! les pirates ! Voici les deux villes jumelles de cette côte : l'ancienne : Jaffa la musulmane ; la nouvelle : Tel-Aviv la juive. Jaffa et ses minarets, Tel-Aviv et la coupole de sa synagogue. La nouvelle l'emporte sur l'ancienne. Les Juifs ont rudement travaillé ! Il n'y avait qu'une dune à cette place voilà dix ans. Comme c'est déjà grand, Tel-Aviv ! La ville a poussé comme Casablanca. Quelle date dans l'histoire ! Un peuple attend cette ville depuis dix-neuf siècles ! Les Juifs ont maintenant une capitale. Elle est là, je la vois, Israël est ressuscité !

Trente-quatre Juifs et dix-sept Juives de Pologne

viennent de surgir des profondeurs du *Sphinx*. Ils sont, sur ce pont, comme l'illustration animée de la parole du Seigneur : « Vos fils et vos filles viendront de tous côtés. » Depuis huit jours, au fond de la cale, ils faisaient leur petite cuisine et leurs grandes prières. Les voilà ce matin comme fous et comme folles. Ils crient de joie, ils tendent les bras. Eux qui, jusqu'à ce jour, eussent respectueusement allongé leur chemin pour vous épargner le contact de leur ombre, ils vous marchent sur les pieds. De plus, ils se palpent le cœur. Ils touchent leur front, leurs épaules. Oui ! c'est bien vous ! N'en doutez pas ! L'an prochain, à Jérusalem, c'est aujourd'hui !

En barque ! En barque ! Les Polaks se précipitent. Ils descendent la coupée comme on gravirait l'échelle de la Béatitude ! Et les rames comme autant de palmes horizontales, nous emportent joyeusement vers la Terre Promise.

La porte qu'elle nous ouvre n'est pas grande. Jaffa n'a pas de port. Ce petit détroit entre deux rochers où la mer mauvaise écume, voilà le passage. Je comprends que les Juifs aient attendu longtemps pour revenir au pays : l'entrée n'est pas engageante. Les Polaks ne gesticulent plus. Ils sont tassés au fond du premier canot. Leur dos a retrouvé, du coup, la courbe héréditaire. Un homme en fez saute sur la barre ; les rameurs poussent des cris pour effrayer la peur. Hop ! Hop ! Passerons-nous ? Bien sûr ! on passe toujours ! Le danger franchi, les Juifs se redressent. Ils se lèvent dans la barque et ils chantent. Ils voudraient que la terre vînt à eux comme eux vont à la terre, afin de l'embrasser plus vite. Sur la rive, des musulmans nous regardent. Ils n'ont pas l'air de vouloir nous tendre les bras ! Fuiriez-vous les pogromes d'Europe pour tomber dans ceux d'Orient ? *Chalom !* veut cependant dire « Paix sur toi ! » et partout, Juifs, où vous lancez votre salut, la guerre vous répond !

Nous débarquons. Voici le sol sacré. Les Juifs tombent à genoux et le baisent. Mais ne perdons pas notre temps :

– *Arabadji !* droit sur Tel-Aviv !

Et le cocher arabe m'emporte. La poussière entoure mon char et semble le porter comme les nuages celui du Seigneur. L'Orient n'a donc pas perdu l'habitude de faire frire des chandelles dans la poêle ? Passons sur l'odeur ! Cahoté, je sors de Jaffa. Et la rue s'élargit et le sol cède la place au bitume, la poussière s'affaisse. Je suis déjà Tel-Aviv road.

De Whitechapel, de Prague, des Marmaroches, de Transylvanie, de Kichinev, de Cernauti, de Lwow, de Cracovie, de Vilna, de Lodz, de Varsovie les noms propres ont quitté les enseignes et m'ont précédé. Goldman, Apfelbaum, Lipovitch, Blum, Diamond, Rapoport, Lévy, Mendel, Elster, Goldberg, Abram, Berliner, Landau, Isaac, Tobie, Rosen, Davidovitch, Smith, Brown, Lœvenstein, Salomon, Jacob, Israël, une nouvelle fois salut ! J'ai traversé la mer, mais j'ai retrouvé la famille !

Herzl, le prophète des boulevards, comme l'appellent, sans révérence, Jérôme et Jean Tharaud, avait vu, dans l'un de ses rêves, la première ville juive s'élever doucement des bords de la Méditerranée, et frapper les regards comme une colline printanière. *Tel-Aviv !* la colline du Printemps, la voici !

Isaïe, de son côté, avait prédit la ville :

« Vos fondements seront de saphir. Je bâtirai vos remparts de jaspe ; je ferai vos portes de pierres ciselées, et toute votre enceinte sera de pierres choisies. »

On voit qu'Isaïe était un pur esprit et ne fréquentait pas ces messieurs du bâtiment ! On peut faire de bonnes prophéties et ne pas savoir établir un devis.

Herzl se rapproche beaucoup plus de la réalité.

Le jaspe, hélas ! n'est que du ciment armé !

Tel-Aviv ! La seule ville au monde comptant cent pour cent de Juifs.

J'ai laissé l'arabadji. Il faut être à pied pour jouir de ses étonnements. Une révolution passait sous mes yeux. Où sont mes caftans, mes barbes, mes papillotes ? Voilà mes Juifs : tête nue, rasés, le col ouvert, la poitrine à l'air et le pas sonore. Ils ne longent plus les murs, ma parole ! Ils marchent d'un pas militaire, au bon milieu du trottoir, sans plus s'occuper de céder la place au Polonais, au Russe ou au Roumain. Miracle ! les épines dorsales se sont redressées. Tous les dos ont rejeté l'invisible fardeau de la race. Je ne leur produis plus aucun effet. Nul œil ne m'examine en coulisse. Maintenant c'est moi qui m'arrête, interrogateur. Eux vont, le regard fier et froid. De temps en temps apparaît un être extraordinaire : un caftan, une barbe, des boucles ! Les autres, en le croisant, haussent discrètement les épaules. Quel est ce fantôme ?

Et les Juives ? Elles ont jeté leur perruque aux ordures, coupé leurs cheveux et mis leurs seins au vent !

C'est une métamorphose.

Avenue Herzl ! Boulevard Edmond-de-Rothschild ! Rue Max-Nordau ! La synagogue, monument central, que l'on achève, semble tout dire. C'est le drapeau flottant sur le camp. Le drapeau unique, sans rival. Nulle croix dans son ombre, nul minaret dans son rayon. Ainsi jadis, à Jérusalem, était le Temple avant le Saint-Sépulcre et avant la mosquée d'Omar.

D'abord vous avez pensé que Tel-Aviv, si jeune, ne pouvait être qu'un noyau de maisons, une petite cité dont un regard ferait aisément le tour. La surprise gagne peu à peu votre esprit. Où vous supposiez trouver le bout du monde naît un boulevard. Les haies de maisons succèdent aux haies de maisons. Un camp, peut-être, mais non un camp volant. Il y a des arbres !

La colline du Printemps est tracée, sans monotonie. Rien des damiers américains. Les rues, les places, les boulevards, les avenues se rencontrent, avec fantaisie. C'est clair, large, ensoleillé, tout blanc. C'est gai. On y sent la volonté acharnée d'oublier le ghetto. Il est seulement surprenant de ne pas voir tous ces Juifs plantés sur les trottoirs, la bouche ouverte, et buvant amoureusement la liberté.

Que de dentistes ! Un à chaque étage. Aux portes presque autant de daviers que de sonnettes. Voilà ce qu'il en coûte, pauvre peuple, de s'être nourri de vache enragée pendant bientôt deux mille ans !

Et les coiffeurs ? Celui qui conserve un poil sur la figure à Tel-Aviv est un bouc obstiné. Toutes les trois ou quatre maisons un coiffeur vous appelle. C'est la révolte contre la Bible. « Ne rasez pas votre barbe », a dit le Seigneur. Sus au Seigneur ! Entrez ! Juifs de Galicie, de Wolhynie, de Lithuanie, de Bessarabie, citoyens de Berdichef et d'autres chefs ! Je rase, ma femme rase, mes enfants rasent, ma belle-mère rase. Le jour étant trop court pour tout raser, nous rasons aussi la nuit. Même à trois heures du matin, n'hésitez pas, tirez la sonnette d'alarme ! Depuis Moïse, vous ne vous étiez pas rasés. Comment rattraperez-vous le temps perdu ?

Et les avocats ? Ô Dieu ! À peine réunis sur la Terre Sainte, voilà, Juifs, que vous vous chicanez à tous les coins de rues ? Car tous ces avocats mangent, et s'ils mangent, c'est que vous vous disputez. Vous êtes quarante mille habitants à Tel-Aviv, quarante mille Juifs, sans un goye, et vous avez besoin de tant d'avocats ?

Et vous, docteurs médecins ? Tout Tel-Aviv se porte allègrement. Les déserteurs du ghetto ont laissé dans les Carpathes leur mine d'amphithéâtre. Il n'est pas un malade dans les rues et l'on chante dans les maisons. Que faites-vous en ce lieu ? Attendez-vous le prochain pogrome pour avoir du travail ?

L'homme qui vient de quitter les fils d'Abraham dans les Carpathes ou sur la Vistule et qui, quinze jours après, au bord de la Méditerranée orientale, les retrouve changés en fils de Théodore Herzl peut savourer la stupéfaction ! Il ne s'agit pas pour l'instant de jouer à l'économiste, d'établir une balance commerciale, ni de se palper le front avec des doigts de sténographe-comptable. Pour pâlir sur les statistiques il faut ignorer qu'elles-mêmes pâlissent rapidement. Au surplus, la question est-elle de savoir si les dentistes, les coiffeurs, les avocats, les médecins, si les marchands et les cireurs de bottes font leurs affaires ? Un Juif a fait un rêve, un jour. Il a vu ses misérables compatriotes briser leurs chaînes, s'envoler, traverser la mer et se poser, transfigurés, sur le sol aïeul. D'esclaves qu'ils étaient, ils devenaient libres. Dans leur âme, la fierté remplaçait la honte. L'assurance succédait à la crainte. Et chacun pouvait paraître à sa fenêtre et crier : « Je suis Juif, c'est là ma gloire ! » sans risquer sur-le-champ d'être attelé à la queue d'une cavale sauvage. Ouvrez les yeux, le rêve ne se défera pas, il est fixé dans Tel-Aviv !

Ils ont ressuscité l'hébreu !

Sortie du tombeau du Talmud, la langue hébraïque longe le rivage de Gaza à Saint-Jean-d'Acre, vole du mont Thabor au mont des Oliviers, de Jéricho à Tibériade, et court la plaine de Jesraël. En hébreu, l'enfant appelle sa mère, l'amoureux ment à son amoureuse, et les enseignes électriques provoquent le passant.

Les caractères sacrés descendus directement de la couronne de Dieu fulgurent aujourd'hui au-dessus des portes.

La ville est bâtie.

Voilà le gymnase, voilà le palace, voilà l'hôtel de ville, voilà le grand théâtre, voilà le château d'eau, voilà la poste, voilà le sanatorium, voilà l'hôpital.

Voilà la plage et voilà le casino.

Voilà les brasseries, les cinémas, les dancings.

Voilà les maisons de rapport et les demeures privées.

En 1908, aucune maison ; en 1920, deux cent quarante ; en 1921, mille sept ; en 1926, trois mille cinquante ; en 1929, cinq mille ou presque !

« Tu seras construite », dit son blason.

Du jour de sa première pierre, l'Arabe a répondu : « Tu seras détruite. »

21

AU PRIX DU SANG

Il n'est pas déshonorant d'avouer que l'on se promenait, en décembre 1919, dans la ville de Haïfa. On était là comme on eût été ailleurs, et toujours pour la même et très excellente raison qu'il faut bien être quelque part. Il y faisait assez bon. La saison des pluies ne nous dérangeait guère. Je regardais au loin, l'autre corne de la baie : Saint-Jean-d'Acre. Je pensais à Napoléon, qui n'y fut pas heureux, à la mosquée bâtie en l'honneur de son échec et dont la coupole est sans doute l'un des plus beaux seins de l'azur oriental. Je vivais doucement et sans effort, quand des Arabes descendirent du mont Carmel, chacun un gourdin à la main.

À qui en voulaient-ils ?

Mon innocence en toutes choses éclatait, ce ne pouvait donc être à moi. Aux soldats anglais ? On n'en voyait pas. Précédés du drapeau du Prophète, les Arabes me dépassèrent. Je les suivis. Ils s'arrêtèrent au bord de la mer et juste au moment où, pour continuer leur chemin, ils eussent dû marcher sur les eaux.

En rade, un bateau se balançait.

C'est à lui que les Arabes en avaient. Brandissant leurs triques, ils le menacèrent. Sur le bateau, passionnément, on chantait. C'était les premiers sionistes qui arrivaient.

Les Arabes n'avaient-ils jamais vu de Juifs en Palestine ? Ils en avaient vu ! Le malheur des temps, en Russie des tsars, avait déjà poussé quelques milliers de malheureux vers cette terre illustre autant qu'inconnue : la chose datait de 1882. Sauvés des pogromes, ruinés par eux et probablement écœurés, ces Bessarabiens, ces Ukrainiens remplis de littérature biblique, prenant le nom de *Chovévés-Sion,* d'Amants de Sion, étaient venus, comme à l'âge de l'Arche d'Alliance, marier leur nouvel espoir au sol historique.

Le pays était moins généreux que ne le disait la sainte Thora. Il n'y coulait ni lait ni miel, et d'eau, rien qu'un tout petit peu. Quant aux chants qu'on y entendait, ils n'étaient que ceux des moustiques. Un amant, un jeune amant connaît-il des obstacles ? Il passe par le balcon jusqu'au jour où le balcon cède sous son poids. Il en fut ainsi. Ruinés, battus, malades, exsangues, les *Chovévés* traînaient, au bout de peu de temps, leur désillusion et leur malaria au pays que Moïse avait lui-même cru plus généreux.

Tous y fussent morts ; un ange passa ! Il laissa

tomber de l'argent, de la quinine, et du lait et du miel.

Il parla aux Turcs le langage des carnets de chèques. Comme l'eût fait un État pour une nouvelle colonie, il envoya un résident, des administrateurs, un corps de santé. Il créa des écoles, des hôpitaux. Il paya les dettes. Il fit des avances. Il dit à Israël : « Lève-toi et marche. » Israël se leva et marcha. Cet ange, c'était le Baron.

En Palestine, il y eut des prophètes, des juges, des vaillants, des rois ; il n'y a qu'un Baron.

De même qu'un Duce en Italie.

Le Baron de Palestine est M. Edmond de Rothschild. Il est le seul individu de la terre qui possède une colonie.

C'est d'une tout autre classe que d'avoir une écurie de courses !

Saluons-le et revenons au cœur du sujet.

Les Amants de Sion, les enfants du Baron, ni les uns ni les autres n'échauffèrent le sang des Arabes.

Certes s'il eût fallu tirer la barbe à ces Juifs, les Arabes y eussent pris un évident plaisir. Mais cette distraction ne s'imposait pas. Les Arabes supportaient bien les pieux Juifs de Jérusalem, ils ne feraient pas davantage une affaire d'État de ces quelques malheureux venus de Bessarabie se faire bercer dans les bras d'or de M. de Rothschild.

Allah était au-dessus de la chose.

Alors vint la guerre. La Turquie, gérante de la Palestine, étant dans un camp, l'autre camp, par la voix de l'Intelligence Service au service de Sa Majesté le roi d'Angleterre, cajola les Arabes. Si la victoire venait aux Anglais, les Anglais constitueraient un royaume arabe, un grand royaume beau comme la légende.

Vint la victoire. L'Angleterre gonfla ses joues et souffla. Le royaume arabe s'évanouit. Israël prit sa place.

L'étude des textes n'a ici aucune importance. Qu'on ait appelé *Foyer National* et non *État Juif* l'installation des Juifs en Palestine, cela ne change rien au fait. Et le fait était celui-ci : Cette fois les Juifs débarquaient non comme mendiants, mais comme citoyens. Ils ne demandaient plus l'hospitalité, ils prenaient possession d'un sol. Ils n'y seraient plus des gens tolérés, mais des égaux. Et Abraham rayonnait tandis que Mahomet se voilait la face.

Une histoire fera comprendre cette métamorphose. Elle est du jour de l'entrée du général Allenby à Jérusalem. Un Juif va frapper à la porte d'un Arabe. Le Juif et l'Arabe sont deux vieux amis. Ils doivent même beaucoup s'aimer pour s'aimer par-dessus le temple et la mosquée. L'Arabe ouvre au Juif.

– Je maudis ton père, lui dit le Juif, je le maudis cinq fois.

Impardonnable injure dans ce pays. L'Arabe en demeure pétrifié. Il demande :

– Pourquoi ? Qu'ai-je fait ?

– Ô mon ami ! répond le Juif, tu vas comprendre. Jusqu'à ce matin, j'étais ton esclave. Si j'avais proféré un tel blasphème, tu aurais fait signe à la police et la police m'eût traîné en prison et battu comme un chien. Hier j'étais un chien. Aujourd'hui je suis un homme. Je puis te dire sans rien risquer ce que tu pouvais me dire sans plus de risque. C'est dix-neuf siècles d'oppression que je viens d'exhaler dans ce cri. Je n'ai pu le retenir. Oublie-le, pardonne-moi et viens que je t'embrasse...

Et le vin fort de l'indépendance monta au cerveau des Jeunes Juifs. Une période héroïque commença. « La perspective ensoleillée de l'honneur, de la liberté et du bonheur », prédite par Théodore Herzl s'ouvrit.

On vit alors une magnifique chose : l'idéal prenant le pas sur l'intérêt. Les Juifs, les Jeunes Juifs de Palestine faisaient, au milieu des peuples, honneur à l'humanité.

Ils arrivaient le feu à l'âme. Dix mille, vingt mille, cinquante, cent mille. Ils étaient la dernière illustration des grands mouvements d'idées à travers l'histoire. La foi les transportait, non dans le divin, mais dans le terrestre. Ils venaient conquérir le droit d'être ce qu'ils étaient. Ce fut un beau spectacle. Des médecins, des professeurs, des avocats, des peintres, des poètes, s'attaquant au pays sauvage, prirent la pioche et prirent la pelle. S'il faut reconnaître que les Arabes l'habitaient depuis des siècles et encore des siècles, il convient de publier qu'ils n'avaient pas achevé le travail. Ils étaient là, comme sont dans la jungle les belles bêtes de liberté.

L'ambition dans la vie ordinaire va généralement des travaux manuels aux travaux intellectuels. L'ouvrier donnant à son fils une situation libérale croit l'avoir poussé sur l'échelle sociale. Les Juifs nouveaux retournèrent la pièce. Le docteur en droit devint terrassier, l'étudiant, paysan. Ce casseur de pierres vendait des tableaux à Moscou. Ce gardien de vaches était violoniste à Prague. Ce coiffeur de Tel-Aviv plaidait brillamment à Lwow. Cette fermière chantait au Grand Théâtre de Varsovie, et ce Juif, naguère professeur de religion à Vilna et que voici au pied de Nazareth, est berger ! Un Juif berger ? Jusqu'à ce jour, je n'avais connu que des Juifs banquiers !

Il faut être de rudes réalistes pour tenir dans l'idéalisme ! Ils furent ces réalistes, trimant, suant... mourant. Ces peaux blanches partirent en croisade contre le moustique, ces intellectuels comblèrent les marais, ce bibliothécaire mina les rochers, ce rôdeur des villes campa au désert de Judée. Où était la dune surgit la ville. L'oranger poussa sur les terres rouges. Le chardon s'envola devant le blé. La momie de Palestine peu à peu se leva !

Les colonies, comme ils appelaient les villages, succédaient aux colonies. Le pays s'en couvrit. Les noms qu'ils leur donnèrent chantaient l'espoir : *Tel Or,* la colline de la lumière ; *Daganiah,* le blé de Dieu ; *Nachlath Jacob,* l'héritage de Jacob ; *Miohmar Hayarden,* la garde sur le Jourdain ; *Tel Chaï,* colline de la vie ; *Ménorah,* il éclairera ! On n'appela plus les petites filles Esther, mais Carmela (du mont Carmel), Hermona (du mont Hermon), Yardena (du Jourdain), Sarona (de la plaine de Saron), Herzlia (de Théodore Herzl).

Ces exilés de vingt siècles qui parlaient dix-huit langues : russe, petit-russe, polonais, roumain, tchèque, bulgare, hongrois, allemand, hollandais, espagnol, anglais, italien, turc, yemenite, arabe, persan, yiddisch par esclavage et français par élégance, tirèrent l'hébreu du fin fond des âges et l'installèrent dans leurs livres de classe et sur leurs enseignes. Mais vous savez cela ! Tous les combattants ne furent pas héroïques. Il y eut les cœurs mal accrochés, les sangs de poulet, les hommes de peu de foi, tous les pieds mous des grandes marches. Il y eut les femmes, ces femmes se trouvant mal dès qu'on les éloigne des marchandes de robes, des thés de cinq heures et des lampadaires municipaux. Ce fut l'exode en sens contraire. La Terre Promise ne payait plus.

On vit la crise à Tel-Aviv.

Les Anglais étaient enchantés. Vous n'aviez pas pensé un instant que les Anglais, en amenant les Juifs en Palestine, eussent voulu faire plaisir aux Juifs. Les Juifs furent les pions qui leur servirent à gagner la partie. Et la partie gagnée, on remet les pions dans la boîte. L'Angleterre sauta sur la crise de peur qu'elle ne s'enfuît. Elle laissa repartir ceux qu'elle avait transportés et ferma la porte à ceux qui voulaient venir.

C'est l'époque où les *sans idéal* crurent tout perdu. Les esprits oublièrent l'essentiel de cette affaire. On parla du sionisme comme d'une expérience curieuse et déjà manquée. Son village d'enfants, ses colonies communistes firent la parade sur les tréteaux de la presse. Il s'agissait bien de cela ! Le sionisme n'a jamais été une expérience, mais une idée.

Et cette idée était celle-ci : s'il n'est qu'un Juif qui en ait assez d'être Français, Anglais, Autrichien... un Juif qui veuille vivre librement en Juif, ce Juif se cramponnera-t-il au morceau de terre où il peut se proclamer Juif ?

Il s'y cramponnerait.

Contre le vœu de l'Angleterre, contre l'indifférence des Juifs médiocres, l'argent arrivant de New-York et d'ailleurs, les nouveaux Juifs, morceau par morceau, achetaient la Palestine. Et ils bâtissaient des usines, et ils élevaient des moulins, et ils plantaient le blé, la vigne, l'orge, le maïs, le tabac, l'oranger, le bananier, le citronnier, et par des travaux audacieux ils demandaient au Jourdain la lumière des nuits.

Et la crise passa.

Alors l'inquiétude des Arabes grandit.

Les petits massacres de Juifs n'intimidaient plus les Juifs, les Arabes tuaient-ils un Juif ? Les Juifs tuaient deux Arabes. Deux Juifs ? Quatre Arabes ! Et les Anglais demanderez-vous, que faisaient-ils entre les deux ? Les Anglais ? Ils avaient filé. On n'en voyait plus. C'était un grand sujet de fierté pour eux. La France avait besoin d'une armée pour tenir la Syrie. Avec six chevaux, la Palestine était à eux.

La Palestine ? Sept cent mille Arabes d'un côté, cent cinquante mille Juifs de l'autre, les Arabes ayant « fait le plein », les Juifs ne rêvant qu'à faire le leur.

— Nous serons trois cent mille, cinq cent mille, criait le Juif Jabotinski, le chef des extrémistes, du haut de la porte de Jaffa.

— Nous ne vous laisserons pas débarquer, répondait l'Arabe Nashashibi – Ragheb bey Nashashibi, maire de Jérusalem.

— Nous régnerons, me disait Jabotinski.

— Ils ne régneront pas, me renvoyait Nashashibi. Nous ne leur céderons le pays qu'au prix où nous l'avons acheté.

— À quel prix, Ragheb bey ?

— Au prix du sang, mon ami.

22

LE MUR DES LAMENTATIONS

J'allais dans Jérusalem, à l'intérieur des murailles. C'était un vendredi, vers la fin de l'après-midi. Coiffés du chapeau à peaux de lapins et revêtus d'ébouriffantes robes de soie ou de velours dont les couleurs n'arrivaient pas à être assez éteintes pour faire oublier que ces robes avaient été jadis lilas, vert d'eau, jaune canari, amarante, gorge de pigeon ou bleu de ciel après l'orage, les Juifs, les vieux Juifs de Moïse, comme autant de mages défraîchis, se faufilaient par les ruelles voûtées du très saint labyrinthe. Les uns tiraient un enfant par la main, les autres, groupés ou solitaires, marchaient dignement comme touchés par un doigt royal ; tous se rendaient au mur des Lamentations.

Ce pan de l'ancienne enceinte du Temple est tout ce qui reste de la splendeur d'un peuple. Long d'une cinquantaine de pas, haut d'une trentaine de pieds, bien caché dans la ville, ce tronçon d'histoire déchaîne la tempête dans l'âme d'Israël. Dès que les

Juifs l'aperçoivent, ils lui envoient des baisers. Mais suivons-les. Les voici. Ils précipitent leur marche. Ils atteignent le lieu sacré et, aussitôt, le touchent des lèvres et le caressent de la main. Les plus âgés ont apporté des tabourets et s'assoient, les yeux inondés d'extase. À droite, sur les trois quarts de sa longueur vont les hommes. À gauche, le dernier quart est pour les femmes. Une longue plainte faite des plaintes de chacun, discordante, empoignante, couronne le vieux mur comme d'un nimbe sonore.

Voyons ! Cette jeune femme pleure-t-elle vraiment ? Sont-ce bien des larmes qui tombent goutte à goutte sur cette dalle ? Ce sont des larmes. Elle est jolie et elle pleure ! Elle pleure dehors, devant des inconnus, et non sur ses amours défaites, mais sur la ruine de sa race !

Le nez dans la Thora, les hommes se balancent. Ils crient dans le vent de Judée leurs déchirantes prières. Faut-il être assez malheureux pour pousser des gémissements pareils ! Quand ils ne se balancent plus, ils pédalent sur place ; les uns n'allant que d'un pied ont l'air de rémouleurs. On entend des baisers claquer contre les pierres. D'autres fois, le mur est embrassé doucement, comme un mort. Regardez ces deux Juifs-là, ils ferment les yeux avec tant de force que toute leur figure en est ratatinée. Ils se soulèvent sur la pointe des pieds et se mettent ainsi à trembler sans perdre l'équilibre. Et cet autre ? Les bras tordus, il implore le mur comme si ce mur était un homme de qui dépendrait la grâce de son fils. Et celui-là ? Il pose soudain sa tête dans sa main droite et se désole si profondément que j'ai envie de m'approcher de lui et de lui demander : « Qu'avez-vous, mon ami ? Puis-je quelque chose pour vous ? » D'un poing menaçant, ce grand efflanqué en robe tabac, désigne le ciel tandis que son voisin, la tête rejetée, fait une telle grimace que l'on pourrait croire qu'il se gargarise au poivre de Cayenne. D'autres, de doigts tremblants et fins pianotent sur les blocs. « Israël ! Israël ! » s'écrie subitement ce vieillard et il pince violemment le sommet de son nez, sans doute pour faire passer un hoquet. Accablés, tous, maintenant, laissent retomber leur front trop lourd contre les pierres confidentes.

La nuit s'annonçait. Les Juifs ....

23

HOLÀ ! L'EUROPE !

Rentré en France, j'en étais là de mon récit quand, au début d'un beau soir, un ami poussa ma porte et me jeta :
— On tue *tes* Juifs à Jérusalem !
Je bondis hors de mon encrier.
L'ami me tendit un journal. On les tuait ! On les tuait même quelques mois en avance sur le programme.
Alors j'envoyai promener mon porte-plume. Je pris mon chapeau, le train, puis le bateau.
Je repartis pour la Terre Promise.
Comment aurait-on pu croire l'Angleterre sans oreilles ? Un enfant, même tout petit, pour peu qu'il eût voulu en prendre la peine, eût mesuré, ces derniers temps, l'état de fièvre en terre de Chanaan. N'est-ce pas en avril dernier, à Jérusalem, sur un divan, à la fin d'un dîner, qu'étendu entre Ragheb bey El-Nashashibi, Arabe, maire de la ville sainte, maître du mouvement, et le gouverneur anglais de la

même sainte ville, nous pesions tous les trois, la veille de la fête musulmane de *Nebi Moussa* (prophète Moïse, les Arabes ont adopté Moïse), les chances de calme et surtout les chances de trouble ? Ragheb bey El-Nashashibi n'a pas pour habitude de voiler sa pensée. À la première occasion, il chasserait les Juifs. Ragheb bey ne l'envoyait pas dire au très honorable représentant de Sa Majesté britannique. Et Sa Majesté n'avait que cent quarante soldats en Palestine ?

Mais l'heure n'est pas aux considérations. Arrivons aux faits, et d'abord à Jaffa.

Petite tempête. Brise marine. La chaleur est revenue. Huit jours sont passés. Nous y voici.

Débarquons.

J'en ai fini avec la douane. Le sol est brûlant. J'appelle un *arabadji*. Le cocher accourt.

– Hôtel Palatin, Tel-Aviv ! lui dis-je. De la tête, l'arabadji fait non et s'en va.

Les cochers arabes ne vont plus à la ville juive. Les cochers juifs ne viennent plus à la ville arabe. Alors ? Vais-je rester là, dans la poussière, à contempler la vieille peau de cochon de ma chère valise, ma douce compagne ?

Je pense que l'agence des Messageries Maritimes me tirera d'affaire. Je me dirige vers elle. Je pourrais dire que les rues sentent l'émeute ; ce serait de la littérature. Elles ne sentent que la graisse de mouton. Je vais, m'épongeant déjà, quand, soudainement, dans le temps d'une longue seconde Jaffa change de figure. Les gens courent, s'engouffrent chez eux ou chez les autres. Les rideaux de fer s'abaissent. Les volets de bois sont ramenés avec fracas. Les voitures quittent la station et s'envolent dans des coups de fouet. La panique orientale court la ville. Qu'est-ce ?

J'arrive au bureau des Messageries.

– Que se passe-t-il ? – Nous ne savons pas.

Un homme entre et dit :

– C'est un Arabe qui, en courant, a crié : « Khalas ! » – Que veut dire Khalas ? – C'est fait ! C'est fini ! – Quoi ? – On ne sait pas !

La Palestine, aujourd'hui, est une plaque sensible. On ne savait pas parce que *rien n'était fait ni rien n'était fini*. La raison revint une heure plus tard.

Qu'a donc vu cette terre depuis mon départ pour être à ce point agitée ? Voici :

Dès le 27 juillet, l'atmosphère s'épaissit à Jérusalem autour du mur des Pleurs. Les musulmans ayant fait revenir le gouvernement palestinien sur sa décision de maintenir le *statu quo*, ont surélevé sur la gauche une muraille jugée en mauvais état, et, dans le fond de la ruelle, ils ont percé une porte.

Cette porte répond à une urgente nécessité : celle d'embêter les Juifs. Les Arabes commencent. À l'heure de la prière, ils passent. Comme les Arabes se promènent souvent avec des ânes, les ânes suivent, et, comme les ânes sont intelligents, ils ne manquent pas de se lamenter en longeant le mur des Lamentations. La presse juive se fâche. Les Juifs tiennent justement, en ces jours, un congrès à Zurich. Télégrammes à Zurich. Le congrès envoie deux de ses membres à Londres pour protester.

Le 15 août est un jour de deuil juif. C'est l'anniversaire de la destruction du Temple. La veille, les Juifs sont allés en procession au mur. Le 15, ils ont tenu des meetings dans tout le pays contre l'attitude des Arabes. Mais le 15 également se place un fait considérable. Environ quatre cents Jeunes-Juifs ont quitté Tel-Aviv pour Jérusalem et, maintenus par la police, se sont rendus fièrement devant le mur. Là, l'un d'eux se détacha des rangs et prononça un discours. Un autre déploya le drapeau bleu et blanc, nouvel étendard de la terre d'Israël.

Ce fut l'acte le moins politique, le plus imprudent commis par les Juifs depuis leur retour en Palestine. Il signifiait aux Arabes que désormais les Arabes n'auraient plus affaire avec les vieux Juifs à papillotes, mais avec eux, les glabres, les larges d'épaules, les costauds à col Danton !

L'impatience, l'orgueil des jeunes troupes apportaient aux ennemis l'occasion attendue.

Les ennemis la saisirent.

Plus la situation des Juifs s'affirmait en Palestine, plus les privilèges féodaux des chefs arabes se trouvaient menacés. Les temps étaient venus d'arrêter *l'invasion juive*. Il fallait, pour cela, exciter les fellahs (les serfs) que les Juifs, dans l'ordinaire de la vie, ne gênaient pas outre mesure. Les fausses nouvelles avaient déjà commencé de travailler. Comme au moyen âge, on accusait les Juifs de véhiculer d'ignobles maladies. Le bruit courut qu'ils donnaient des bonbons et des fruits empoisonnés aux enfants musulmans. N'entendait-on pas dire qu'ils s'attaquaient aux femmes voilées ? Mais les preuves manquaient. Le fanatisme religieux serait seul capable de soulever la masse.

L'heure sonnait. Les batteries étaient prêtes. Le grand mufti, très gracieux jeune homme, entra en scène. Des tracts imprimés à la hâte furent envoyés aux imans des villages. Les imans les lurent aux fellahs rassemblés. Il y était dit que le drapeau sioniste devant le mur était le signal de l'attaque par les Juifs des lieux saints musulmans. Le mur, d'abord, n'était-il pas l'un de ces saints lieux ? À ce mur, Mahomet avait attaché Burak, son cheval, avant de le chevaucher pour monter au ciel. Le temps pressait. Les Juifs allaient détruire les mosquées d'Omar et d'Al-Aqsa. Des cartes postales truquées, montrant le drapeau sioniste au sommet d'Omar, passaient de main en main. Les chefs religieux adjuraient le Coran : « Toi, la loi de nos pères, toi que nous avons juré de défendre, indique-nous notre devoir ! »

Il n'en fallait pas autant.

Le 16 août, jour de Mouloud, anniversaire de la naissance du Prophète, deux mille Arabes de Jérusalem quittent l'esplanade des Mosquées, envahissent l'étroit couloir dont le Mur est l'un des côtés. Ils brisent la vieille table de bois du sacristain, déchirent et brûlent les livres de psaumes, arrachent d'entre les blocs les petits morceaux de papier à quoi les Juifs confient leurs naïves prières. Ils battent, sur leur chemin, les vieilles robes de soie qu'ils rencontrent.

Le 17 août, dans le quartier Boukhariote, de jeunes juifs jouent au football. Le ballon, paraît-il, tombe en terre musulmane. Les fellahs attaquent les joueurs et font des blessés. L'un de ceux-là meurt. On l'enterre le 21 août. Les Juifs désirent faire passer le mort devant la porte de Jaffa, comme le veut la coutume quand on honore un mort. La police s'y oppose. Collision. Vingt Juifs blessés.

Le grand mufti demande un passeport au consulat de France pour aller respirer l'air sain du Liban. Refusé.

Il n'y a toujours que cent quarante soldats de Sa Majesté en Palestine !

Le vendredi 23 août, jour anniversaire de la Saint-Barthélemy, l'aurore voit des foules d'Arabes envahir Jérusalem. Ils marchent groupés, chaque homme tenant à la main un bâton ou un poignard lame nue. Ils chantent en entrant dans la ville sainte :

> *La religion de Mahomet*
> *Défend son droit par l'épée,*
> *Nous défendons par l'épée*
> *Le prophète Mahomet.*

Le grand jour est arrivé. Les tracts lancés par le gracieux jeune homme n'ont pas manqué leur but. Les manieurs de poignards et les tambours-majors du gourdin descendent vers la porte de Damas. Ils passent justement devant les établissements religieux français, devant l'hôpital, devant Notre-Dame de France :

> *La religion de Mahomet*
> *Défend son droit par l'épée.*

Aujourd'hui, enfants du Christ n'ayez pas peur :

l'actualité est aux Juifs... En face de la porte de Damas s'élève une grande bâtisse style château fort ; ce sont les bureaux du haut-commissariat anglais. Six jeunes juifs formant groupe sont là, dehors. Ils feraient mieux de se retirer, de laisser libre champ à la vague fanatique. Ils demeurent, représentant à eux six la révolte de la nouvelle âme juive. Ils en ont assez d'entendre dire que le Juif ne sait que courber le dos. Un orgueil trop longtemps contenu leur fait oublier que l'héroïsme ne marche pas toujours de front avec la raison. L'un des six, un journaliste autrichien, le docteur von Veisel, refuse de céder un mètre de sol à la colonne qui s'avance. Un musulman marche sur Veisel. Les deux hommes s'empoignent. Veisel a le dessus.

– Eh bien ! crie-t-il aux quatre soldats anglais et aux policiers qui sont là, devant les bureaux, l'arme au pied, un homme m'attaque, je le maintiens, venez l'arrêter !

Les agents de l'autorité ne bougent pas. Deux Arabes se détachent à leur tour et poignardent Veisel dans le dos.

Les représentants de la loi contemplent le spectacle ; ils ne froncent même pas les sourcils. Pourquoi, alors, se gênerait-on ? Et les musulmans se précipitent sur les Juifs surpris par l'événement. Tous ceux qui passent y « passent ».

Plus on tue de Juifs, plus la police demeure immobile. Quant au haut-commissariat anglais, il est parti se promener dans les airs, comme un Zeppelin ! Du moins peut-on le supposer, puisque personne, depuis trois semaines, n'entend plus parler de lui !

– *Mort aux Juifs !*

— *Le gouvernement est avec nous !*

Ces cris à la bouche, le poignard au poing, les fils du prophète courent dans Jérusalem.

Ils attaquent les quartiers de Talpioth, de Gedud, d'Haavodah, de Beth-Hakerem et de Beth-Wegam, de Romena, de Gibeat-Chaoul, de San-Hedris, de Mahanain.

Ils tuent. Ils chantent.

Deux Anglais, étudiants d'Oxford, voyageant en Terre sainte, se jettent dans l'émeute. Il ne sera pas dit que des Anglais n'essaieront point d'arrêter la danse. Ils adjurent les musulmans. Ils sont jeunes ! Ils ne comprennent rien à la politique !

Et voilà que s'allument les ghettos d'Hébron et de Safed.

Tel Joseph, Gerdi, Nahalal doivent se défendre dans la plaine de Jesraël.

La main-d'œuvre arabe est décidément à bon prix : les assassins n'auront droit qu'à dix cigarettes par tête de juif !

Holà, l'Europe ! on saigne en Palestine !...

Le « home national » devient la boucherie internationale !

24

LES SOLDATS DU GRAND MUFTI

Il faut raconter Hébron et raconter Safed.
    Hébron est en Judée, c'est-à-dire dans les pierres. Dix-huit mille Arabes, mille Juifs, mille vieux Juifs non tous âgés, mais tous vieux : Juifs de l'autre temps, papillotes et caftans !
    On est dans Hébron. Rien de plus oriental à offrir au voyageur. Des rues pour drames cinématographiques. Très bien ! Mais tout cela est arabe. Où est le ghetto ? Vous regardez et ne le voyez pas. On vous a dit cependant qu'il était ici, dans ce bazar couvert, entre ce carrefour et cette basse mosquée. Pas de ghetto ! Aucun Juif !
    Vous retournez aux renseignements. Alors, on vous donne un guide. Le guide vous ramène dans le bazar couvert et vous arrête entre l'échoppe d'un marchand de babouches et un vendeur d'agneaux écorchés. Là, dans le mur, un trou : c'est une porte, la porte du ghetto.
    Vous la franchissez courbé en deux ; vous vous

redressez, et alors, si jusqu'ici vous n'aviez rien vu, vous voyez maintenant quelque chose. Il ne suffit pas de voir, il faut croire aussi. Ce qui s'offre aux regards est incroyable. Ce ghetto est une montagne de maisons, une vraie montagne avec ses crêtes, ses cols, ses ravins, une petite montagne mal fichue, hargneuse, sans un centimètre carré de terre : toute couverte de maisons, toute ! Pour atteindre le rez-de-chaussée de la deuxième bicoque, il faut passer par le toit de la première. Du toit de la seconde, vous voici de plain-pied dans la troisième. Ainsi pour chacune. Où sont les rues ? Au fait, où sont-elles ? Pas de rues ! Pourtant, je marche et je ne marche pas toujours sur les toits ! Non ! Mais je grimpe des escaliers, j'emprunte un couloir, je me perds dans des labyrinthes. Croyant déboucher sur une place, je me trouve dans une chambre à coucher. Un Juif de grande taille, étendu sur le seuil de sa maison, aurait la tête chez lui, les pieds chez le voisin... un voisin à qui il voudrait du mal, un bras ailleurs et l'autre dans la synagogue ! Trois synagogues communiquant entre elles couronnent le fol État. Le soleil n'a rien de plus extravagant à chauffer sur toute la surface de la terre !

Là vivent mille Hébreux.

Non de ceux qui déployèrent le drapeau au mur des Lamentations ; non mille gaillards de Tel-Aviv ; non plus ces colons durs et décidés de la plaine de Jesraël. Mille Hébreux qui n'étaient point venus en Palestine dans un bateau, mais dans un berceau, mille Juifs éternels. Une famille, une seule, était arrivée récemment de Lithuanie pour vivre en sainteté et non en conquérante sur la terre des ancêtres. Tragique famille !

Amis des Arabes ? Presque. En tous cas, point ennemis. Se connaissant tous, même par leurs noms, se saluant depuis dix ans, depuis toujours. L'Hébron juif était célèbre, non par ses sentiments nationaux, mais par son école talmudique.

Or les Arabes n'attaquèrent pas Tel-Aviv, mais Hébron... mais Safed. Je n'ignore pas que Ragheb bey El Nashashibi, franc comme l'épée, s'excuse en disant : « À la guerre comme à la guerre. On ne tue pas ce qu'on veut, mais ce qu'on trouve. La prochaine fois, tous y passeront, jeunes comme vieux. » Nous faisons expressément remarquer à Ragheb bey que nous ne le mettons pas au défi de tenir sa parole. Il en serait fort capable. Mais l'avenir, aujourd'hui, n'est pas notre affaire.

Le 23 août, le jour du grand mufti, deux étudiants talmudistes sont égorgés. Ils ne faisaient pas de discours politiques, ils cherchaient le Sinaï du regard, dans l'espoir d'y découvrir l'ombre de Dieu !

Le lendemain, dès le matin, des Arabes marquent leur inquiétude sur le sort des Juifs. Tous les Arabes ne font pas partie des fanatiques. La virginité d'esprit n'est heureusement pas générale en terre d'Islam.

– Sauvez-vous ! disent-ils aux Juifs.

Quelques-uns offrent aux futures victimes l'hospitalité de leur toit. L'un d'eux, même, ami d'un rabbin, marche toute la nuit et vient se planter devant la maison de son protégé. Il en défend l'entrée aux fous de sa race.

Lisez.

Une cinquantaine de Juifs et de Juives s'étaient réfugiés, hors du ghetto, à la Banque anglo-palestinienne, dirigée par l'un des leurs, le fils du rabbin Slonin. Ils étaient dans une pièce. Les Arabes, les soldats du grand mufti, ne tardèrent pas à les renifler. C'était le samedi 24, à neuf heures du matin. Ayant fait sauter la porte de la banque... Mais voici en deux mots : ils coupèrent des mains, ils coupèrent des doigts, ils maintinrent des têtes au-dessus d'un réchaud, ils pratiquèrent l'énucléation des yeux. Un rabbin, immobile, recommandait à Dieu ses Juifs : on le scalpa. On *emporta* la cervelle. Sur les genoux de Mme Sokolov, on assit tour à tour six étudiants de la Yeschiba et, elle vivante, on les égorgea. On mutila les hommes. Les filles de treize ans, les mères et les grand-mères, on les bouscula dans le sang et on les viola en chœur.

Mme X... est à l'hôpital de Jérusalem. On a tué son mari à ses pieds, puis saigné son enfant dans ses bras. « Toi, tu resteras vivante... » lui répétaient ces hommes du vingtième siècle !

Aujourd'hui, elle regardait par la fenêtre, d'un regard fixe et sans larme !

Le rabbin Slonin, si noir, si Vélasquez, est là aussi. Il parle :

– Ils ont tué mes deux fils, ma femme, mon beau-père, ma belle-mère.

Ce rabbin dit cela naturellement, d'une voix de greffier lisant un rapport.

Mais il va pleurer :

– En 1492, ajoute-t-il, les Juifs chassés d'Espagne avaient apporté un rouleau de la Loi à Hébron, un saint rouleau, une divine thora. Les Arabes ont brûlé ma thora.

Et le rabbin Slonin essuie deux larmes sur ses joues d'acier bruni.

Vingt-trois cadavres dans la pièce de la banque. Le sang recouvre encore le carrelage comme d'une gelée assez épaisse.

*La religion de Mahomet
Défend son droit par l'épée.*

Et vous n'avez nulle idée de la grâce, de la jeunesse, de la douceur, du charme et du teint clair du grand mufti...

Safed est en Haute-Galilée, à mille mètre dans les airs. Trois cônes de montagnes coiffés de maisons, les maisons fardées au lait de chaux, lait de chaux bleu, ou rose, ou jaune, ou blanc. Au loin, dans un trou, deux cents mètres plus bas que le niveau de la mer, un miroir en forme de lyre : le lac de Tibériade. Miroir ! Lyre ! Tendres couleurs ! Attendez.

Comme ceux d'Hébron, les Juifs de Safed sont des Juifs de l'ancien temps cultivant... le Zohar ! Vieux hassidistes, ils chantent et dansent en l'honneur du Seigneur. Ceux qui, en supplément, tiennent des boutiques dans le ghetto ont fermé leurs boutiques depuis six jours. Nous sommes au 29 août. Ils ne veulent pas exciter les Arabes qui, depuis le 23, se promènent processionnellement poignard et gourdin à la main, et aux lèvres le serment de tuer bientôt les Juifs. Depuis six jours ? Alors, et les Anglais ? Interrogés, ils répondent de Jérusalem que tout va bien. Le 29 août...

Mais voici l'histoire telle qu'on me la conte dans les rues du ghetto de Safed, cure d'air :

– Pardon, monsieur, je suis le fils du vice-consul de Perse...

– Parfaitement ! répondis-je à ce jeune homme. Ils ont bien arrangé votre maison.

– J'étais en vacances chez mes parents. Je fais mes études en Syrie chez les pères français d'Antoura. Depuis dix jours, les Arabes...

– Je sais. Après ?

– Alors, le 29, nous étions tous réunis à la maison. Nous entendons frapper. Mon père va à la fenêtre. Il voit une cinquantaine d'Arabes. Que voulez-vous, mes amis ? leur demande-t-il. – Descends ! Nous voulons te tuer avec ta famille. Mon père les connaît presque tous. Comment ? Vous êtes mes voisins ; je vois, dans votre groupe, plusieurs de mes amis. Depuis vingt ans, nous nous serrons la main. Mes enfants ont joué avec vos enfants. – Aujourd'hui, il faut qu'on te tue !

Mon père ferme la fenêtre et, confiant dans la solidité de notre porte, il se retire avec maman, mes deux sœurs, mon petit frère et moi dans une chambre du premier.

Bientôt des coups de hache dans la porte. Puis un grincement : la porte a cédé. Mon père dit : « Ne bougez pas. Je vais encore aller leur parler. » Il descend. Au bas de l'escalier, en tête de l'invasion est un Arabe, son ami. Mon père lui ouvre les bras et va vers lui pour l'embrasser en lui disant : « Toi, au moins, tu ne me feras pas de mal, ni à ma famille. »

L'Arabe tire son couteau de sa ceinture et, d'un seul coup fend la peau du crâne de mon père. Je descendais derrière, je ne pus me retenir. Je brisai une chaise sur la tête de notre ami.

Mon père s'affaissa. L'Arabe se baissa et lui redonna onze coups de poignard. Après il le regarda, le jugea mort et partit rejoindre les autres qui pillaient dans la pièce à côté.

– Bien !

– Après avoir pillé ils mirent le feu à la maison. Je fis sortir maman, mes sœurs, mon petit frère enfermés dans l'armoire. Nous allions traîner le père hors de l'incendie quand les furieux revinrent. Voyant du sang dans l'escalier ils dirent : « Les autres l'ont égorgé, cherchons son corps. » Alors, me tournant vers ma grande sœur, je criai en arabe : « Donne-moi le revolver, Ada ! » C'était une ruse. Nous n'avions pas de revolver. Ma sœur fait mine de chercher. Ils ont eu peur ! ils sont partis. »

Voici maintenant un vieillard qui larmoie dans sa blanche barbe. Il tient à me dire qu'il s'appelle Salomon Youa Goldchweig, qu'il a soixante-douze ans, qu'il est né à Safed, qu'il n'avait jamais fait de mal à personne, qu'on est venu chez lui, qu'on a tué sa femme, qu'on a voulu l'assassiner et que c'est quatre de ses voisins qu'il connaissait bien qui ont fait toutes ces choses. Et il me demande : « Pourquoi ? »

Surgit un jeune homme :

C'est Habib David Apriat. Son père était professeur d'hébreu, de français et d'arabe. Trois des anciens élèves de son père, sont entrés chez lui, ont tué son papa, ont tué sa maman, ont coupé les doigts à sa sœur qui a fait la morte sur la maman.

David Apriat s'en va, court. Où va-t-il ? Il revient avec sa sœur – moins deux doigts, et tous deux ils me regardent et le jeune homme répète : « Voilà ! Voilà ! »

Un autre apparaît.

– Je m'appelle Abraham Lévy, je suis sujet français. Algérien. Je suis gardien à l'École de l'Alliance israélite. J'ai tout vu. Quand ils sont entrés à l'école, ils ont dit : « Abraham est de nos amis, il ne faut pas le tuer, mais seulement lui couper les mains. »

Je m'étais enfui sur le toit. « Abraham ! criaient-ils, où es-tu ? Tu es notre ami, nous ne voulons que te couper une main ! »

Je les connaissais tous. Tous étaient de bons camarades. J'ai pu me sauver.

Et le grand rabbin Ismaël Cohen ?

Trois mois auparavant, me promenant dans le ghetto de Safed, j'avais rendu visite au vieillard. Depuis dix ans, il n'avait plus touché de son pied le raide escalier de son nid de pierres. Quatre-vingt-quatre ans d'âge, une fière tête, un fameux savant du Talmud.

Ils l'ont égorgé aussi !

Je repris le chemin de sa maison. Je gravis l'escalier. La porte n'était plus fermée. Sur le divan où naguère il était assis pour me recevoir, des loques ensanglantées traînaient. Une mare de sang séché, comme une glace vue de dos qui se serait brisée là, tachait le carrelage. Au mur, l'empreinte de ses doigts sanglants.

– Monsieur le grand rabbin, lui avais-je dit, à cette même place, permettez que mon ami Rouquayrol fasse un croquis de vous.

– Chers visiteurs, avait-il répondu, la foi de Moïse le défend, mais Ismaël Cohen ne voit plus clair, il n'en saura certainement rien !

Et il nous avait tendu sa main blanche.

Sa main est là, aujourd'hui, sur le mur, toute rouge !

C'est ce que l'on appelle un mouvement national !

25

À BIENTÔT !

Que disent les Arabes ?
Dix d'entre eux se sont réunis à Jaffa ce matin. Cinq Arabes musulmans : le sheikh Monafar, Omar Bihar, président du comité islamo-chrétien ; Mahmoud Aboukhadra, ancien gouverneur de Jaffa, maire de Gaza ; Hilini Aboukhadra, Ismaël Nashashibi.

Trois Arabes catholiques : Nasri Thalamas, Nicolas Berouti, Edmond Roch.

Deux Arabes grecs orthodoxes : I. D. Elissa, Anton Malak.

Quand ils se furent comptés, l'un d'eux, Edmond Roch, prit une automobile, gagna Tel-Aviv, apparut sur le perron de l'hôtel Palatin. Il venait me chercher.

Je le suivis.

On traversa Tel-Aviv assez nerveusement, le volant impératif. Dans la grande rue de Jaffa, l'auto stoppa. On descendit. Edmond Roch me précédant, nous gravîmes un escalier. Une porte s'offrit, nous la poussâmes. Une grande pièce. Les Arabes sont là. L'atmosphère est chargée d'électricité. Serrements de mains. Contact des regards. Onze chaises. On s'assied.

Ils ont tant à dire que la grande pièce qui, hors les sièges, est nue, semble encombrée de leurs revendications. Les dix sont dix locomotives prêtes à foncer à cent à l'heure. Fermons les passages à niveau ! Suivons le train !

Tous se tournent vers le sheikh Monafar.

Insigne de son caractère sacré, un tarbouch ceinturé de blanc, coiffe le sheikh. Le sheikh a la peau tannée des gens du désert. Il prend la parole et parle net :

– Le pays de Palestine est un pays arabe ; les Arabes étaient dans ce pays bien des années avant les Juifs.

Les neuf autres approuvent par des murmures.

– Les Juifs, au cours de l'Histoire, ont occupé accidentellement quelques coins de la Palestine, mais jamais toute ! Pendant leur règne, qu'ont-ils créé ? Ils n'ont rien laissé comme civilisation. Comme marque de leur domination, que voit-on ? Une mosaïque ! Les Romains les ont chassés. Ils sont partis. Le pays n'a rien gardé d'eux. Voilà pour le très vieux passé.

Cinq cent soixante ans plus tard, l'Islam triomphait. Nos pères reprenaient la terre et la rendaient à leur ancienne nationalité.

Depuis lors, nous étions chez nous.

– Chez les Turcs ?

– Enfin, nous étions presque entre nous. Voilà jusqu'à la Grande Guerre. Pendant la guerre, les nations se sont réveillées, l'arabe comme les autres. Nous avons demandé, à travers les mers, à faire revivre notre ancien royaume. Nous reçûmes, à ce sujet, des promesses de l'Angleterre, de la France.

– À plusieurs reprises, lance l'un des dix.
– Sous les Turcs...

Me voyant sans doute sourire :

– Sous les Turcs, nous étions durement menés, mais nous avions des représentants au Parlement, des ministres dans le cabinet de Constantinople. Cependant, nous ne cessions, chaque jour, de réclamer une plus grande liberté.

La langue officielle était l'arabe.

Eh bien ! malgré le lien religieux nous unissant aux Turcs, l'amour de la liberté nous a poussés contre les Turcs. Nous nous sommes joints aux alliés dans l'espoir d'une indépendance complète.

Les alliés gagnent la bataille. Dans cette bataille, notre sang a coulé. Le grand royaume arabe apparaît à nos yeux. Soudain, tout s'évanouit. Nous ne restons qu'avec un rêve.

Jadis, nous n'étions qu'une unité : Syrie, Palestine, Mésopotamie...

– Cela est une autre question.
– Admettons. Nous sommes sept cent mille ici, n'est-ce pas ? On peut dire, je crois, que nous formons un foyer national. Comme récompense, lord Balfour nous envoie les Juifs pour y former également un foyer national. Un foyer national dans un autre foyer national, c'est la guerre !

L'assemblée approuve bruyamment.

– Vous ne voulez pas de Juifs ?
– Erreur ! Nous ne voulons pas de foyer national

juif. Vous savez qu'il est trois espèces de Juifs en Palestine. Les vieux Juifs religieux qui viennent ici pour mourir...

— Vous les y avez aidés !

— Ce n'est pas nous qui avons commencé les massacres ! Pas nous ! crient les dix musulmans. Le premier tué de cette série fut un Arabe, Sidi Akaché, égorgé dans le quartier Sheikh Zorah, à Jérusalem, par un Juif.

— Quelle date ?

Ils cherchent et disent le 26 août. Les événements ont commencé le 23. Peut-être se trompent-ils de chiffre ? Le calme se rétablit. Monafar le sheikh reprend :

— Ensuite, les Juifs d'avant 1919, les Juifs du Baron. Ils ont acheté la terre, ils font de l'agriculture, non de la politique. Enfin, les Juifs de lord Balfour, les sionistes. Nous n'avons rien à dire contre les pieux Juifs ni contre les Juifs du Baron, ceux-là peuvent vivre en paix chez nous ! (Orient ! voilà que tu ne sais déjà plus que ce sont justement les pieux Juifs, que tu as massacrés !) Mais, avec les autres, la guerre est déclarée.

— Que leur reprochez-vous ?

De nouveau, les voix s'élèvent ensemble :

— D'être un « ramassis » de tout ce que l'Europe ne veut pas ! De vouloir nous chasser !... De nous traiter en indigènes !... Voyons ! le monde ignore-t-il qu'il y a sept cent mille Arabes ici ?... Si vous voulez faire ce que vous avez fait en Amérique, ne vous gênez pas, tuez-nous comme vous avez tué les Indiens et installez-vous !... Nous accusons l'Angleterre ! Nous accusons la France !...

— Des faits !

— Premièrement, nous reprochons aux Juifs de nous ruiner. Exemple : la municipalité de Tel-Aviv, par suite de dépenses princières, était endettée de cent cinq mille livres. Le gouvernement palestinien a payé cette dette avec l'argent du trésor, et ce trésor c'est nous qui l'alimentons par l'impôt. Autre exemple : la Palestine est toute en travaux. On ne la reconnaît plus. Nous n'éprouvions nullement le besoin de cette transformation. À quoi bon l'électricité ? À quoi bon ces routes ? On fait des routes pour donner à manger aux ouvriers juifs. L'ouvrier juif travaille huit heures, l'ouvrier arabe douze heures. L'ouvrier juif est payé deux fois plus que l'ouvrier arabe. Le gouvernement que nous subissons n'est pas un gouvernement mais une association de bienfaisance pour étrangers.

Deuxièmement, nous leur reprochons de nous brimer. Les lois du pays sont faites par un Anglais, un Juif, M. Bentwitch. Ces lois sont contre l'Arabe et pour le Juif. Pour le même délit : deux livres d'amende au Juif, deux mois de prison à l'Arabe.

Troisièmement, nous leur reprochons de nous pousser hors de chez nous. Le pays s'appelle Palestine, ils l'ont baptisé *Eretz-Israël* (Terre d'Israël) ! La seule langue était l'arabe, ils ont fait accepter l'hébreu à égalité. Ils achètent nos meilleures terres. (Pourquoi les leur vendent-ils ?) Ils disent : « Si vous n'êtes pas contents, prenez les os de vos prophètes et allez-vous-en ! »

À la place du Juif errant, alors, l'Arabe errant ?

— Messieurs, quelles conditions posez-vous pour ne plus égorger les Juifs ?

Tumulte ! Ils n'ont pas égorgé les Juifs ! Non ! Du moins, si je comprends bien, ils ne les ont pas égorgés pour les égorger, mais seulement pour attirer l'attention sur le sort fait aux Arabes.

– Nos conditions, reprend le sheikh, les voici :

1° Suppression de la déclaration Balfour telle qu'elle est rédigée et telle qu'elle est appliquée ;

2° Élection au suffrage universel et formation d'un gouvernement arabe ;

3° Limitation de l'immigration juive ;

4° Suppression des lois favorisant les Juifs et leurs industries.

– Croyez-vous que les cinquante-deux nations signataires de la déclaration Balfour puissent revenir sur leur parole ?

– Ce n'est pas notre affaire !

En effet, comme nations, ils semblent ne vouloir connaître que la cinquante-troisième et la cinquante-quatrième : l'arabe et la juive !

– Messieurs, j'ai vu vos deux chefs à Jérusalem : le grand mufti et Ragheb bey El Nashashibi. J'ai demandé au grand mufti : « Les massacres cesseront-ils ? » Le grand mufti, dont la jeunesse n'est pas imprudente, a frappé dans ses mains. Nous étions sur sa terrasse. La mosquée d'Omar nous servait de toile de fond. Le soir s'emparait du mont des Oliviers. Tout semblait apaisé autour de nous. À son appel des serviteurs accoururent. Ce descendant du Prophète demanda du papier. Je lui prêtai un crayon. Il me répondit par écrit : Voici ce document.

Et je lus :

« On ne doit pas espérer une amélioration réelle et continue en Palestine, une sécurité constante, un calme général, des relations bienveillantes entre les habitants du pays, 1° si l'on ne délaisse pas la politique injuste, contraire à la nature des choses, que renferme la déclaration Balfour, politique exigeant l'asservissement de la majorité à la minorité ; 2° si l'on ne suit pas un régime de justice et d'équité. Ce régime consiste dans la formation d'un État représentatif démocratique que dirigeront tous les Palestiniens, arabes et juifs, en proportion de leur nombre respectif :

— Êtes-vous d'accord avec votre grand mufti ?

— Oui !

— Ensuite, messieurs, j'ai quitté le vieux Jérusalem ! Quel silence ! Quel froid dans le dos ! « Attention ! criai-je chaque fois qu'une ombre surgissait, ne m'éventrez pas, je viens de Paris et non de Tel-Aviv. » Je gagnai la mairie. Ragheb bey El Nashashibi me reçut. Ragheb bey, qui est un preux, avait encore plus de franchise dans le regard que trois mois auparavant.

— Eh bien ! monsieur le maire, fis-je, êtes-vous payé ? Au prix du sang, m'aviez-vous dit, en mai dernier ; le sang est versé !

Ragheb bey me regarda étonné. Il me dit que tant que la déclaration Balfour existerait rien ne serait terminé et que, dès que les troupes anglaises partiraient, tout recommencerait.

— Êtes-vous d'accord avec le maire de Jérusalem ?

— Oui !

— Voyons ! dis-je encore à votre chef, vous ne pouvez cependant pas tuer tous les Juifs. Ils sont cent cinquante mille. Il vous faudrait trop de temps !

– Mais non ! fit-il d'une voix très douce, deux jours !

– Soixante-quinze mille par jour ?

– Mais oui !

Je demandai aux dix s'ils étaient d'accord avec Ragheb bey ?

– D'accord !

– Alors, messieurs, quand les troupes anglaises reprendront le bateau, faites-moi l'amitié de me télégraphier. Je crois que vous présumez de vos forces. Les nouveaux Juifs ne se laisseront pas saigner. Je suis même certain qu'ils vous donneront du fil à retordre. Ce sera une rude bataille. Voici mon adresse. N'oubliez pas de me prévenir. Je reviendrai vous voir travailler. À bientôt !

26

LE BONHEUR D'ÊTRE JUIF

J'ai fouillé la Judée, la Samarie, la Haute et la Basse-Galilée. En vain j'ai gravi le mont Carmel et le mont Tabor, et le mont Gilboé ; en vain, j'ai appelé dans la plaine de Jesraël ; en vain j'ai ramé sur le lac de Tibériade. « Enfin, montrez-moi un Juif, ai-je crié à la cantonade, un seul venant de France ; je n'en demande pas deux : un tout petit même me suffirait ! » Ma voix resta sans écho. Aucun Juif n'est venu de France rebâtir le royaume de David.

L'Angleterre en possède un. Il a une belle âme qui visite sans cesse sa douce figure. Au-dessus de son bureau, à Jérusalem, le portrait dédicacé du maréchal Foch. Cet Anglais était colonel dans l'armée anglaise. Il s'est senti Juif un jour. Il a rendu ses galons, sa nationalité. Il s'est présenté tout nu dans la cité de ses pères. Il brûle maintenant à la voûte du temple sioniste comme une lumière perpétuelle. On l'appelle toujours le colonel Kische.

La Hollande a le sien aussi : un magistrat d'Amsterdam. Son nom est Van Vriesland. Il est chargé du consulat de son ancien pays en Palestine. C'est un homme du monde aimant beaucoup les cigares, mais qui professe cette idée que dans le jardin de l'humanité les fleurs doivent s'efforcer de garder leur couleur. Il ne croit pas qu'il soit utile pour personne qu'une fleur, sous le prétexte de s'assimiler, ressemble à une autre fleur. Il est bon, d'après lui, que le Juif songe à se rasseoir sous son figuier.

La Tchécoslovaquie a donné des professeurs ; la Belgique, des planteurs ; l'Allemagne, des architectes ; l'Amérique, de riches amateurs. Si vous barriez la rue Herzl, à Tel-Aviv, vous arrêteriez une centaine d'hommes portant chacun un récit merveilleux. Celui-ci, pour être juif, a traversé la Russie, la Sibérie, la Mandchourie, la Chine – à pied ! Il partit comme une flèche, ne prenant pas garde au plus court chemin. Il en vint du Canada, du Chili.

L'odeur de la Terre Promise ne trouble pas seulement les va-nu-pieds. Ces messieurs qui rôdent par le pays, l'âme chavirée, regardez-les ; ce sont des millionnaires. L'un arrive de Pologne ; il est le grand usinier de Lodz ; douze mille ouvriers sont sous ses ordres ; c'est Oscar Kohn. Voyez combien il est ému. Il était venu pour quinze jours ; il ne peut plus s'en aller. Il cherche de l'eau. Il veut en trouver. Après, il installera ses filatures ici. Le poème juif grisant le puissant industriel, quelle étrange fable ! Les frères Polak, de Moscou, autres magnats, ont écouté la même chanson ; ils moulent de la farine au son de l'idéal !

Des peintres, des hommes de lettres, des musiciens, des acteurs... Mais le fond de la troupe vient des troupeaux de Lithuanie, d'Ukraine, de Bessarabie, de Bukovine, de Galicie.

Sont-ils heureux ? Comment vivent-ils ? Dites-nous leurs mœurs.

Ils sont heureux. On peut penser que cette affirmation ne me coûte pas cher. Je suis allé me promener en Palestine. J'ai vu ces Juifs la charrue à la main. En passant, je leur ai crié : « Chalom ! » et j'ai jeté un coup d'œil dans leurs maisons. Constatant que chacun avait un lit où, la nuit, il pouvait s'étendre, j'ai dit : « Bien ! Bien ! » J'ai vu leurs meules de blé et que leurs enfants, soignés en commun, étaient des enfants magnifiques. J'ai vu, le soir, au retour du champ torride, ces étonnants cultivateurs ouvrir une bibliothèque. Les livres qu'ils lisaient étaient des livres d'intellectuels. J'ai vu aussi des femmes durement courbées sur le sol ; elles se relevaient, venaient vers vous, et soudain c'étaient des *dames* qui marchaient. Après, je m'épongeais le front ; je redisais : « Chalom ! » et je filais, les laissant dans la plaine amère. Est-ce le bonheur ?

Trois mois après, je suis revenu. J'ai couru de nouveau Esdrelon, Tibériade, Caïffa. Rien n'avait changé. Ils travaillaient la terre comme les paysans travaillent la terre : sans manifestation.

— Eh bien ! leur ai-je dit, les Arabes vous ont attaqués ?
— Oui.
— Vous n'avez pas voulu leur céder le terrain ?
— Non.

Et, loin du pays où ils naquirent, ils se remirent à battre le blé à côté de leurs fusils. Est-ce le bonheur ?

Je les ai vus à Jérusalem, dans les faubourgs qu'ils

ont construits. Leurs vieux frères, à cause d'eux, avaient clos leurs échoppes à l'intérieur des murailles. On ne les rencontrait plus se hâtant à travers le Labyrinthe. Le Mur était sans une larme. Plus de robes de soie, plus de merveilleux chapeaux. Le Juif pieux était escamoté ! Eux-mêmes, les jeunes, les mousquetaires de Théodore Herzl, ne tendaient-ils pas l'oreille ? Quelle était cette rumeur ? Qui serait assassiné ce soir ? Le chauffeur hésitait à prendre la route. Ce bâtiment qui domine, à gauche du mont des Oliviers, est le haut commissariat anglais. Tous ses fonctionnaires étaient pour les Arabes. Était-ce très encourageant ? Faisait-on fortune, au moins, dans ce pays ? Non pas ! Était-ce le bonheur ?

Voilà plus clair, plus accueillant. Là, on peut palper de la vie : Tel-Aviv ! On dit que les commerçants ont des embarras. Toutefois, on ne lit pas de contrainte, sur les visages. Ce soir, toute la ville – toute – revient lentement d'une partie de football où triomphèrent les *Macchabées*. Quarante mille personnes sont dehors comme pour montrer quel travail les Arabes entreprendront le jour prédit du grand massacre. Est-ce le bonheur ?

Monsieur Dizingof, vous avez créé Tel-Aviv et coulé en ciment le rêve de Théodore Herzl. Alors que vous nous montrez les plans qui feront de Tel-Aviv une capitale de cent mille habitants, nous entendons frapper aux portes de la cité ; ce sont vos voisins, les musulmans, qui vous préviennent que bientôt ils jetteront bas votre ouvrage. Êtes-vous heureux ?

Monsieur Ruttenberg, vous avez donné la lumière au pays de vos ancêtres. En Russie, où vous étiez naguère une forte tête, on vous eût félicité d'avoir fait reculer les ténèbres. Ici, les Arabes vous accusent de leur avoir volé leur eau. Les chrétiens lèvent le nez sur l'homme qui osa toucher au Jourdain. Il serait maintenant utile d'entourer vos audacieux travaux de fils de fer barbelés. Êtes-vous heureux ?

Monsieur Tolkowski, vous étiez Belge. La misère ne vous a pas conduit en Palestine. La vie était bonne autour de votre maison. En 1921, lors des premiers pogromes, à Jaffa, vous avez perdu un être cher. Ces temps-ci, vous étiez à Talpioth quand les Arabes l'attaquèrent. Vous avez compté vos balles : une pour votre femme, trois pour vos enfants, une pour une parente, une autre pour vous. Vous aviez neuf cartouches en tout. Il vous en restait trois pour vous défendre. Votre résolution était prise. Pendant ce temps, à la sortie de Tel-Aviv, les Arabes égorgeaient votre beau-frère, le jeune Goldberg, qui se portait au secours de deux Juifs isolés dans une orangerie. Je vous ai retrouvé un peu pâle, mais sans regret d'être citoyen palestinien. Êtes-vous heureux ?

Et vous, là-bas, dans les campagnes, Lithuaniens, Ukrainiens, Bessarabiens, Bukovinois et Galiciens, pourquoi seriez-vous nostalgiques ? Travailler la terre dans la plaine d'Esdrelon n'est certainement pas le comble de la félicité. Il y fait chaud, les mouches sont voraces, aucun espoir d'un filon d'or, mais aussi d'où veniez-vous ? Étiez-vous plus heureux sous le joug des Européens ?

La place de Tel-Aviv est moins bonne pour le commerce que les places de New-York, de Londres, de Constantinople, de Paris ? Quelle découverte ! La place de Lwow était-elle meilleure ? Et celle de Kovno ? Faisiez-vous tous de bonnes affaires à Berdichef ? à Jitomir ? à Tarnapol ? à Kichinev ? Pauvres ici autant qu'ailleurs ? Peut-être ! Mais que sont-ils venus chercher, les Juifs, en Palestine ? La fortune ? Non, un pays !

Aucun doute ne peut planer là-dessus. Ce sont des Juifs qui avaient la patrie juive dans le sang. Ce que l'on appelle « sionisme » n'est qu'une maladie de l'âme d'Israël. Cette maladie n'atteint pas tous les Juifs, mais ceux qu'elle a mordus sont bien en son pouvoir. On ne devient pas sioniste par raisonnement ; le sionisme est même, je crois, le contraire de la raison. On est sioniste par instinct. C'est une passion, et l'on voit chaque jour des quantités de personnes ne pouvant résister à leur passion.

Or un homme qui se livre à sa passion est heureux.

Le colonel Kische, le consul Van Vriesland, le maire Dizingof, l'ingénieur Ruttenberg, le planteur Tolkowski, Jabotinsky l'extrémiste, qui voit quatre millions de Juifs, dans trente ans, sur la terre de ses pères, les bibliothécaires tchécoslovaques, les médecins allemands, Rubin le peintre, les vingt autres peintres, les poètes hébreux, les fermières aux mains blanches, les chauffeurs illuminés, les jolies étudiantes envoyées par l'Amérique, les jeunes couples qui font « mismous » à l'angle des rues. Mismous ! ainsi ont-ils traduit le mot *flirt* en hébreu ! Flirter en hébreu ! La colère des rabbins contre ces jeunes juifs n'est pas toujours sans motif, évidemment ! Les manieurs de charrue, les marchands sans clientèle, les rêveurs et les brutes, ils ont ce qu'ils ont voulu. Sionistes, ils vivent à Sion. Les mauvais sont repartis ; il n'est resté que les purs.

Heureux ? Profondément heureux d'être Juifs. Ailleurs, partout dans le reste du monde, quand un Juif commet une mauvaise action, ce n'est plus ni un Français, ni un Allemand, ni un Belge, ni un Anglais, c'est un Juif ! Un Juif découvre-t-il une grande chose ? fait-il honneur à l'humanité ? Alors, ce n'est plus un Juif, c'est un Allemand, un Belge, un Anglais, un Français. Pour chacun, Einstein est Allemand, Bergson est Français. Tous ces Juifs d'ici déclarent qu'ils en ont assez de collaborer à l'enrichissement des cultures anglaise, russe, française, allemande ou américaine. En Palestine leur orgueil est satisfait. Ils ont conquis le droit d'être une crapule ou un génie sans pour cela cesser d'être un Juif.

La vie à Paris et à Londres ? Certes, elle est plus belle que la vie en Palestine. Mais est-elle plus belle que leur rêve ?

Les massacres ? C'eût été une grande affaire pour des gens habitués à la paix. Mais pour eux...

Quand Adam, le premier soir, vit le soleil se coucher, il poussa de grands gémissements. Le jour était si beau ! Le lendemain, le soleil réapparut. La fête revint dans le cœur du premier homme. Il chantait, quand le soleil disparut une nouvelle fois. Adam comprit qu'il en serait toujours ainsi. Il cessa de se désoler et dit : « Vivons ! »

Vivez donc, Juifs ! de massacre en massacre...

27

JUIF ERRANT, ES-TU ARRIVÉ ?

Juif errant, es-tu arrivé ?
 Quand cet hiver je l'ai rencontré, cheminant dans les Carpathes, j'ai bien pensé qu'il marchait vers la Palestine. Le soleil se levait de nouveau pour lui sur la terre de Chanaan. Selon la parole de Sophonie, fils de Chusi, de Godolias, d'Amarias et d'Ezécias, Sion chantait des cantiques, Israël poussait des cris d'allégresse, Jérusalem était transportée de joie. Le Seigneur, ayant éloigné ses ennemis, avait enfin effacé l'arrêt de sa condamnation. J'entendais dire un peu partout, dans les chancelleries d'Europe et d'Amérique, que l'Angleterre, obéissant à la voix de Dieu allait faire revenir celui qui avait été exilé et rendre son nom célèbre dans le pays où il avait été en opprobre.

J'en étais heureux pour lui.

Si la terre ne se composait que de la France ou de l'Amérique, de l'Allemagne ou de l'Angleterre, il n'y aurait pas de sionisme. La voix des prophètes du retour ne parlerait qu'à des sourds. Est-ce à Paris, à Londres, à Berlin, à New-York que Néhémie pourrait venir dire :

« Va en Judée, à la ville des sépulcres de tes pères afin de la rebâtir. »

Les sépulcres des pères sont maintenant au Père-Lachaise. En notre temps de prose, le sionisme vu de la place de la Bourse, apparaît l'œuvre d'un mauvais farceur. C'est Paris-Israël qui parle. Son opinion n'est pas la mienne. L'idéal, en certains cas, est sans utilité, je sais. On ne mange pas non plus les fleurs que l'on met sur la table !

Mais respectons les faits. Les Juifs de l'Atlantique ont cessé d'être des Juifs de Sion. On pourrait expliquer doctoralement pourquoi leur âme ne résonne pas sous l'archet de Théodore Herzl. Sans doute est-il suffisant de dire qu'être juif ne signifie pas être poète. Sous Godefroy de Bouillon, tous les chrétiens ne furent pas des croisés. Les Juifs-Français qui regardent du côté de la Palestine le font de loin et par le petit bout d'un puissant télescope.

Plaçons donc la question juive où elle est : en Pologne, en Russie, en Roumanie, en Tchécoslovaquie, en Hongrie. Là, erre le Juif errant. Le Juif de ces pays est aux autres hommes ce que le chien fou des bleds africains est aux autres chiens. On l'éloigne des maisons. Il rôde, cherchant sa nourriture. Tente-t-il de s'approcher de la ville ? Les citadins le couchent en joue. Sortons un peu de nos frontières. Le monde ne tient pas dans la carte de France. Il est un drame à notre époque, un vieux drame soudainement rajeuni, un drame poignant : le drame de la race juive.

En Russie, les Juifs attendent d'être égorgés. Le

jour où les Soviets céderont le terrain, les Croix-Rouges pourront préparer leurs ambulances. La meute aryenne jouera des crocs.

Haine sur eux en Pologne, haine sur eux en Roumanie. Haine solide qui les recouvre comme d'une dalle... à perpétuité ! Aux Marmaroches, au fond de la grande fosse des Carpathes, d'où, les ongles usés, ils ne peuvent remonter, sauvage misère !

C'est là, dans ces pays, sur le ciel bas, qu'un jour, une lanterne magique a projeté la Terre Promise. Une nouvelle Terre Promise, non plus la vieille, toute grise, de Moïse, mais une Terre Promise moderne, en couleur, couleur de l'Union Jack ! Le Juif errant est tombé en arrêt. Qu'il était beau, le pays qu'on lui montrait ! Du soleil ! Des oranges ! Des bois pour construire la maison !

— Voyons, s'écria-t-il, comme autrefois Sanaballat au temps d'Artaxerxès, que faites-vous, pauvres Juifs ? Rebâtissez-vous sérieusement Jérusalem ? Pourrez-vous refaire de ces monceaux de poussière les pierres qui sont brûlées ?

— Tu l'as dit, répondit un Anglais à cheveux blancs.

— Es-tu Artaxerxès dit Longue-Main ? demanda le Juif errant.

— À notre époque, répondit l'homme aux cheveux blancs, ce n'est plus la main, c'est le bras qui doit être long. Je suis Balfour dit Long-Bras.

Alors le Juif errant dit au lord :

— S'il semble bon au lord et si votre serviteur vous est agréable, envoyez-moi en Judée.

— Voici des lettres, mon Juif, répondit le lord, des lettres pour les gouverneurs des terres au-delà des fleuves et des monts, des lettres afin qu'ils te fassent passer jusqu'à ce que tu sois arrivé au pays de ma lanterne magique.

Et, suivant le long bras du lord anglais, le Juif errant atteignit, voilà dix ans, la terre de Palestine.

Il s'aperçut bientôt que plus de cent mille autres l'avaient suivi. Alors il leur dit : « Levons-nous et bâtissons. »

Mais les ennemis étaient autour et veillaient.

Vous comprenez tout de suite qu'il s'agit des Arabes. Il y avait des Arabes à l'ombre du bras de lord Balfour. Bah ! dirent ceux qui arrivaient de Galicie, d'Ukraine, de Bessarabie, de Bukovine, nous travaillerons d'une main et de l'autre tiendrons l'épée, ainsi que firent nos aïeux, revenus comme nous, au printemps de l'an 537 avant l'ère de Jésus-Christ.

Et ils agirent comme ils avaient dit.

Ils achetèrent cent treize mille hectares de terrains. Ils créèrent cent une colonies. S'ils n'eurent pas à reconstruire les murailles de Jérusalem parce qu'elles n'avaient pas été démolies depuis la dernière ancienne fois, ni à mettre aux portes les battants, les serrures et les barres, ils élevèrent d'impressionnants faubourgs au seuil de la sainte ville. Dizingof bâtit la colline du Printemps. Ruttemberg maria le Jourdain avec le Yarmouk. Tolkowski planta des orangers.

Merveilleuse histoire ! Mais Juif errant, où donc avais-tu trouvé l'argent ?

Dans le monde entier.

Quand tes frères dispersés te virent prendre résolument ton bâton et marcher d'une seule traite des Carpathes au Jourdain, tous eurent les yeux sur toi. Tu leur parus un héros national, et dans des petits troncs bleus marqués au sceau de David et répandus sur toutes les terres où sont les tiens, chaque jour, à toute heure et sous tous prétextes, on glissait pour toi marks, dollars, shillings, pesos et florins.

C'est alors que tu commenças de faire des bêtises.

Ton vieux bâton de chemineau devint orgueilleux comme une hallebarde. Tu le laissais froidement choir sur les pieds des Arabes ; ton mouvant et émouvant esprit balaya vingt siècles d'un revers de pensée. Tu rentrais chez toi comme ces ci-devant derrière Louis XVIII, sans demander à connaître celui qui, depuis ton départ, avait acheté ta maison. L'insolence n'est pas toujours une mauvaise chose, encore faut-il qu'elle s'adresse aux grands !

Tu en avais assez d'être sous la botte. Chacun comprendra qu'il est agréable de redresser son nez. Mais quand on va le nez en l'air, on ne voit plus ce qui se passe à ses côtés. Juif errant, le lord anglais avait retiré son bras !

Toi, rasé, tondu, ton caftan jeté aux orties, le cou libéré dans le col à la Danton, tu faisais le beau parmi les vilains !

Ne nie pas. Je t'ai vu. Tu te promenais derrière un drapeau, en capitaine de football, droit comme un vieux pompier ! Quand on a si longtemps inspiré la pitié, il est tentant de vouloir inspirer le respect. Mais à l'heure où l'on fait peau neuve, mon ami, on ne se met pas à son balcon, autrement on attrape des maladies graves.

Et tu étais là, accoudé à la rampe, criant à tout venant tes secrets. Général en chef, tu distribuais tes plans de bataille dans le camp ennemi. Cette année, tu ramasserais un million de livres de plus que l'année dernière et tu achèterais le mont Carmel ! « Écoutez ! Arabes, disais-tu, vous voulez savoir quel est mon but ? Le voici : c'est la création, ici, d'une majorité juive. Savez-vous ce que je suis en train de faire, à Zurich, cette année ? Je m'assure ni plus ni moins toute la Palestine. L'Agence Juive, chers Arabes, que le congrès vient de créer, va me permettre d'intéresser les Juifs non errants à l'achat du beau pays. Dans dix ans, il sera le mien. Dans vingt ans, cinq cent mille de mes petits frères seront venus me rejoindre. Le lord aux cheveux blancs dit Bras-Long m'élèvera à la dignité du Canada, de l'Australie. Je serai le sixième dominion. Fanfare, attention ! »

Et là-dessus, tu faisais jouer *Hathiqwah* !

Qu'a fait ton voisin, le cher Arabe ?

Il a d'abord regardé autour de lui. Tiens ! le lord au bras long avait quitté la place ! Ensuite, il s'est mis à compter. Tu n'étais pas encore cinq cent mille, c'était le moment d'agir. Il est venu sur la pointe de ses pieds et tandis que tu chantais ta gloire, il t'a mis un bon coup de sa matraque sur la nuque.

Juif errant, comment vas-tu ?

Eh bien ! il ne va pas trop mal. On aurait pu penser le trouver en plus mauvais état, après la saignée. Son teint était plus pâle, sa voix moins bien perchée, un petit flottement dans sa démarche, mais il ne s'était pas alité. Surtout – et c'était là, dans toute la vie du Juif errant, le fait nouveau sensationnel – il n'avait pas courbé le dos !

En ce temps-là, après toutes ces histoires, je me trouvais sur la plage de Tel-Aviv. C'était le premier jour de l'année juive : Rosch Hachana. Le long de l'eau, des Juifs se démenaient d'une très étrange manière. De leurs mains ils semblaient fouiller leur poitrine et en arracher quelque chose qui suivait difficilement. Ensuite, ils balançaient leurs bras dans la direction de la Méditerranée : ils jetaient leurs péchés à la mer !

– À la bonne heure ! me dis-je, ils ont enfin compris. Pour peu, qu'ils n'oublient pas de noyer leur trop d'orgueil, tout ira bien après.

Est-ce une prophétie ?

Le Juif errant est-il arrivé ?

Pourquoi pas ?

FIN

Copyright © 2023 par Alicia Editions
Couverture et mise en page : Canva.com, Alicia Ed.
Illustration : The Wandering Jew, E.J Sullivan, 1898
ISBN Livre relié 9782384551040
Tous droits réservés